相続でモメないために！
家族が亡くなった後の 手続き がわかる本

弁護士 ── 武内優宏
税理士 ── 内田麻由子
行政書士 ── 中村直人

プレジデント社

はじめに

　家族や身近な人が亡くなられるのは、言葉では言い表せないほど、つらく悲しいことです。ところが実際には、亡くなられた後、慌ただしく葬儀や法要の準備や手配を行う中で、「必ずしなければならないこと」が次から次へと押し寄せてきます。

　親族や故人と親しかった人への連絡、お世話になった方へのお礼、死亡診断書の受け取りやさまざまな届け出・手続き……。故人の喪が明けないうちに行わなければならない、期限が定められている手続きや、確認しなければならないこともたくさんあります。

　保険、年金、預貯金の口座、相続の手続き、遺言・エンディングノートについて……。残された方が気が進まなくなるような内容について、本書では相続や数多くの届け出・手続きに精通している3人の専門家が、**「いつまでに」「何をしなければいけないのか」**わかりやすく説明します。

　また、身内が亡くなった後、残された家族や親族の間で、仲が良かったはずなのに揉めてしまうことも少なくありません。当事者の多くは「ここまで揉めるとは思っていなかった」と口にします。相続財産の情報開示、遠隔地にある親の家の相続の注意点等、どうすれば残された人たちそれぞれの想いがぶつかり合う"相続紛争"を避けられるか、丁寧に解説します。

　身近な人が亡くなられて、何から手をつけていいのかわからず困っている方、遺言や相続の問題に直面している方が、「次はこの届け出を出せば大丈夫」と安心して手続きできるよう、本書を参考としていただければ幸いです。

この本でよくわかる **3**つの大切なこと

その1 亡くなったすぐ後にしなければいけないことがわかる！

家族が亡くなられて悲しみにくれている中、葬儀・告別式のこと、役所への死亡届の提出等しなければいけないことが同時に発生します。すぐにしなければならないことと、葬儀が一段落した後にすることを整理して対応できるようになります。

その2 年金の手続き・書類等しなければいけないことがわかる！

家族が亡くなっても、遺族年金は自動的に振り込まれません。残された方が、請求の手続きを行う必要があります。亡くなった家族が加入していた年金の種類・保険料を納めていた期間等によって、受け取れる年金の違いがわかるようになります。

その3 相続の手続き、相続税について揉めないために必要なことがわかる！

家族が亡くなられて遺言書を残している場合は、原則として遺言の内容に従った相続手続きを行い、遺言がない場合は、相続人全員で遺産分割協議を行います。相続紛争の原因となる自己流の遺言等、どの家庭にも起こりうる相続問題の対策や取り組み方がわかるようになります。

相続でモメないために！
家族が亡くなった後の手続きがわかる本

巻頭付録
亡くなった日から一周忌までの早見表・チェックリスト

はじめに ……………………………………………………………… 2
この本でよくわかる3つの大切なこと ……………………………… 3

第1章
家族が亡くなったすぐ後に行う届け出と手続きについて ……… 15

家族が亡くなった後から、一周忌までの流れ ……………… 17
1　死亡診断書・死体検案書の交付を受けましょう ………… 18
　　死亡診断書・死体検案書について
　　死亡診断書・死体検案書の記入
2　死亡届を記入して提出しましょう ………………………… 20
　　死亡届を提出するときに
　　死亡届の記入

3 埋火葬許可申請書を記入して提出しましょう ……… 22
死亡届と同時に埋火葬許可申請書を提出する
埋火葬許可申請書の記入

4 葬儀・納骨の流れを確認しましょう ……… 24
葬儀・法要の前に知っておきたいこと
葬儀・法要の大まかな流れについて
葬儀社をどうやって決めるのか

5 先祖のお墓を移したい（改葬したい）ときに ……… 28
改葬許可申請書の記入

6 健康保険の資格喪失に必要な手続き ……… 30
国民健康保険または後期高齢者医療制度に加入していたら
国民健康保険資格喪失届の記入
会社員等で、国民健康保険以外の健康保険に加入していたら

7 世帯主を変更するときに必要な手続き ……… 32
世帯主変更届（住民異動届）の記入

8 手続きに必要な証明書等を取得しましょう ……… 34

第2章
遺族年金等を受け取るための手続きについて ……… 35

年金について確認すること ……… 36
1 公的年金の制度について確認しましょう ……… 38
老後のための老齢基礎年金・老齢厚生年金をもらえる人
2 年金受給の停止手続きと、未支給の年金を請求しましょう ……… 40
未支給年金の受給資格とは
3 遺族年金の請求について確認しましょう ……… 43
遺族年金の前提要件として
遺族年金の年金額と受給期間について
「遺族基礎年金」を受け取れる人とは？
遺族基礎年金の年額について
「遺族厚生年金」を受け取れる人とは？
遺族厚生年金の年額について
選択と併給について
4 寡婦年金と死亡一時金について ……… 53
5 遺族厚生年金に加算される給付について ……… 55
受給できる年額について
6 児童扶養手当の受給について確認しましょう ……… 57
対象者と所得制限について

第3章
少し落ち着いてから行う届け出と手続きについて ……… 59

  落ち着いてから行う届け出や手続きについて ……… 60
1 **支払方法の変更や解約手続きをしましょう** ……… 62
  携帯電話やインターネットについて
  電気・ガス・水道について
  NTTの固定電話について
2 **クレジットカード・免許証の返却手続きをしましょう** ……… 63
  クレジットカードについて
  運転免許証について
  パスポートについて
3 **亡くなった人の所得税の申告手続きをしましょう** ……… 64
  所得税の準確定申告について
4 **葬祭費・埋葬料の申請をしましょう** ……… 68
  国民健康保険(自営等)・後期高齢者医療制度に加入していた方
  会社員等で健康保険に加入していた方
5 **高額療養費の申請をするときに** ……… 72
  高額療養費の計算方法について
6 **亡くなった人の事業を引き継ぐときに** ……… 76
  青色申告と白色申告の違いとは

7　婚姻前の名字に戻すときに ……… 78
　　　　配偶者と子で手続きが変わります
8　配偶者が亡くなって姻族関係を終了するときに ……… 81
　　　　配偶者の親族の扶養義務等はどうなる？

第4章
遺産相続の手続きについて ……… 83

1　相続できる人（相続人）には誰がなるのか？ ……… 85
　　　　相続人と法定相続分について
2　遺言について ……… 87
　　　　遺言の効果と形式について
3　戸籍から正確な相続人を特定するために ……… 89
　　　　戸籍謄本を取得するために
　　　　戸籍をたどるために気をつけること
4　公正証書遺言以外の遺言があった場合の検認手続きについて ……… 93
5　遺言が残されていた場合、遺留分について確認しましょう ……… 97
6　住民票の写し・印鑑証明書が必要になったら ……… 99
　　　　住民票の写しの取得について
　　　　印鑑登録証明書の取得について

目次

7　相続手続きが必要な財産を探すために …… 100
　　遺産（相続財産）と考えられるものについて
　　自宅等を探しましょう（通帳や郵便物も手がかりに）
　　照会の方法について

8　相続財産を相続するか放棄するか判断するために …… 102
　　相続するのがいいのか、放棄するのがいいのか
　　相続税の申告が必要かどうか

9　借金を相続しないで相続放棄をする …… 103
　　相続放棄をするとどうなるのか
　　先順位の相続人、全員が相続放棄をすると

10　遺言がない場合、相続財産の分け方を決めましょう …… 107
　　遺産分割協議について
　　相続税申告との兼ね合いについて
　　遺産分割の方法について

11　遺産分割協議をする場合、協議書を作成しましょう …… 109
　　寄与分とは
　　特別受益について
　　遺産分割協議書について

12　遺産分割協議がまとまらなかったら …… 111
　　調停が成立しなかったら

13　相続人の行方がわからないとき、未成年がいるとき等 …… 114
　　行方がわからない人、未成年者
　　認知症等、判断能力を欠く者

第5章
遺産が確定した後の相続や名義変更等の手続きについて ……… 115

相続の手続きをする中で気をつけたいこと ……… 116

1 **金融機関の口座の相続手続きをしましょう** ……… 117
　銀行や信用金庫などの相続手続き
　ゆうちょ銀行の相続手続き

2 **株式等、有価証券を相続したときに** ……… 124

3 **生命保険の保険金を受け取るときに** ……… 126

4 **自動車を相続するときに（名義変更等）** ……… 128

5 **不動産の相続をするときに** ……… 130
　不動産の相続に伴う登記手続きの流れ
　遺産分割協議の場合に添付する書類
　遺言の場合に添付する書類
　遺贈の場合に添付する書類

6 **住宅ローンと団体信用生命保険** ……… 137

7 **会員権類や債務の相続手続き** ……… 140
　ゴルフ場やリゾート会員権、絵画や宝飾品等
　祭具・墳墓について
　死亡退職金について
　電話加入権について
　債務について

8 相続人の代わりに代理人が手続きを行う場合に ……… 142

第6章
相続税の申告に関する手続きについて ……… 143

1 相続財産の評価をしましょう ……… 146
 相続財産の評価とは
 土地の評価には注意が必要です
2 相続税がかかるかどうか確認しましょう ……… 148
 その1 財産の評価額を合計する
 その2 マイナスできるもの（債務など）を差し引く
 その3 基礎控除額を引く
3 相続税の基礎控除額を確認しましょう ……… 150
 基礎控除額は法定相続人の人数によって決まる
4 相続税額を計算しましょう ……… 151
5 相続税の税額控除と2割加算を確認しましょう ……… 155
 相続税から控除できるもの（税額控除）
 相続税の2割加算とは

6　土地の評価額を計算してみましょう　……… 157
　　　宅地について
　　　貸宅地の評価
　　　貸家建付地の評価
　　　自宅の土地の評価方法を確認する
　　　路線価方式で評価する
　　　倍率方式で評価する

7　小規模宅地等の特例について　……… 161
　　　小規模宅地等の特例の対象になる土地について
　　　小規模宅地等の特例の対象になる人とは
　　　特例を使うためには、相続税の申告書を提出する
　　　特例を使うためには、申告期限までに遺産分割協議をまとめる
　　　小規模宅地等の特例の計算例

8　家屋の評価を確認しましょう　……… 165
　　　家屋の評価
　　　貸家の評価

9　上場株式の評価額について　……… 166
　　　上場株式の評価方法

10　非上場株式の評価額について　……… 167
　　　相続する人は、同族株主となるのかどうか
　　　原則的評価方式
　　　特例的評価方式

11　相続税の申告書を作成してみましょう ────── 170
　　相続税を申告する必要がある人
　　申告方法

12　相続税の納税方法について ────── 184
　　納付の方法
　　延納について
　　物納について
　　相続人の中に納付していない人がいたら

13　税務調査と延滞税、加算税について ────── 186
　　相続税の税務調査
　　申告もれが多いのは「名義預金」
　　延滞税と加算税

14　修正申告、更正の請求について ────── 188
　　相続税が少なかった場合には修正申告を
　　相続税を多く納めすぎた場合には更正の請求を

15　不動産の譲渡取得について ────── 189
　　相続税の取得加算の特例
　　空き家に係る譲渡所得の特別控除の特例

第7章
遺言や生前贈与等、
生前にやっておきたい相続対策について 191

1 遺言の基本について確認しましょう 192
代表的な遺言の方法について

2 生前贈与について 194
暦年課税制度

相続時精算課税制度

贈与税の特例

3 生命保険の利点について 200
お金に名札をつけることができる

代償分割の代償金として使える

相続税の納税資金として使える

非課税枠「500万円×法定相続人の数」がある

どの専門家に力を借りればいいのか？ 202

手続きに関係のある用語集 204

第1章

家族が亡くなったすぐ後に行う届け出と手続きについて

　大切な家族が亡くなると、残された家族や親族は悲しみに包まれます。しかし、そのような状況でも、すみやかに行わなければならない届け出・手続きが次々に押し寄せてきます。亡くなった直後に、最低限行わなければならないことについて、ひとつずつ確認しましょう。

家族が亡くなったすぐ後に行う届け出と手続きで必要なこと

　家族が亡くなったすぐ後に、葬儀・法要の準備をしながら、届け出や手続きが必要となることが発生します。「期限が定められている届け出や手続き」は忘れないように行わなければなりません。ここでは、最低限しなければならないことをまとめました。リストをもとに、それぞれの期限までに手続きを済ませていきましょう。

亡くなったすぐ後に行う主な手続き

↓ 忘れないようにチェックしてみましょう

確認すること・行うこと	期限	解説ページ
☐ 死亡診断書・死体検案書の手配	亡くなられてすぐに	P18
☐ 死亡届の提出	7日以内	P20
☐ 埋火葬許可申請書の提出	死亡届の提出と同時	P22
☐ 埋火葬許可証の受け取り	埋火葬許可申請書の提出後	P22
☐ 通夜・葬儀・納骨	———	P24
☐ 健康保険証の返却・資格喪失届の提出	14日以内（国民健康保険の場合）	P30
☐ 世帯主変更届の提出	14日以内	P32
☐ 年金受給停止の手続き	亡くなられてすぐに	P40

家族が亡くなった後から、一周忌までの流れ

　葬儀・納骨等の手配や準備等、家族が亡くなって慌ただしい中で行うことは少なくありません。以下に一般的な仏式の法要をまとめました。また、最近では、葬儀の当日に四十九日の法要まで行うこともあるので、葬儀の打ち合わせで確認をしましょう。

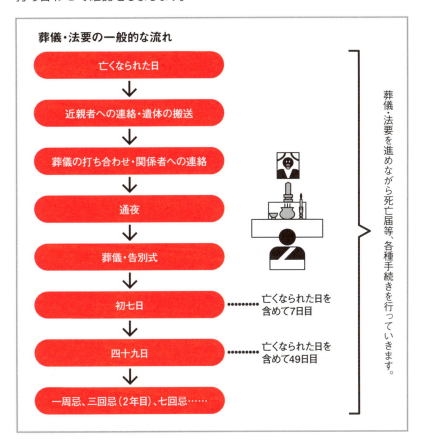

死亡診断書・死体検案書の交付を受けましょう

亡くなられてすぐに 家族が亡くなられたときは、立ち会った医師から死亡診断書を交付してもらいます。不慮の事故や、継続的に診療にかかっていた病気以外の理由で亡くなられたときは、死体検案書を交付してもらいます。死体検案書は、死亡診断書と同じ用紙が使われます。

死亡診断書・死体検案書は亡くなったことが判明した日、または翌日に交付してもらいます。以後、提出を求められることがありますので、何枚かコピーを取っておくといいでしょう。

死亡診断書・死体検案書について

死亡診断書・死体検案書は、死亡届と同じ用紙に記載され、左半分が死亡届、右半分が死亡診断書・死体検案書になります。

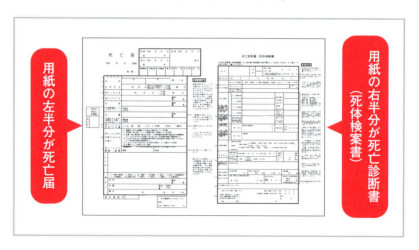

死亡診断書・死体検案書の記入

　死亡診断書もしくは死体検案書は医師から交付されます。死亡届を市区町村の役場に提出する際に、あわせて提出します。

▷ **P20　死亡届を提出するときに**

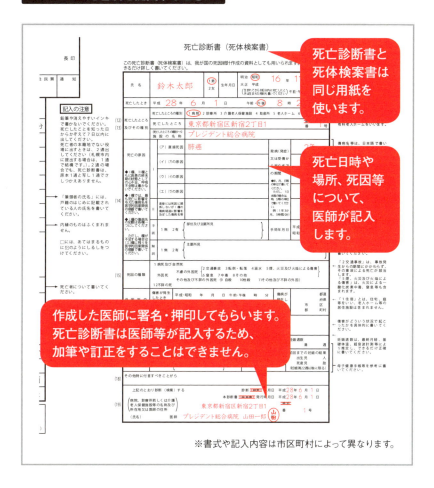

※書式や記入内容は市区町村によって異なります。

2 死亡届を記入して提出しましょう

7日以内に 死亡診断書（死体検案書）を受け取ったら、同じ用紙の左半分にある死亡届の記入を行います。

死亡届を提出するときに

　提出する先は、①亡くなった方の本籍地、②亡くなった方の死亡地、③届出人の所在地、いずれかの市区町村役場の窓口です。死亡届は、親族、同居者等が、亡くなった事実を知った日から7日以内に提出する必要があります。国外で亡くなった場合は、その事実を知った日から3か月以内に提出します。

　手数料などの費用は特にかかりません。ただし、届出人が記入すれば葬儀社が代理で提出してくれることもあるので、葬儀社に相談してみるといいでしょう。

●死亡届提出までの流れ

死亡届の記入

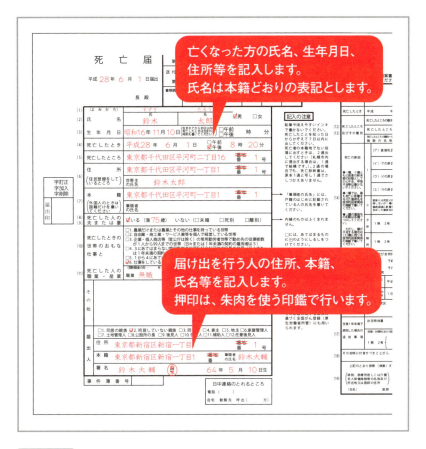

メモ 死亡届の記載事項証明書とは

　遺族年金の請求等、手続きによって、死亡届の写しともいえる死亡届記載事項証明書が必要となることがあります。本籍地または死亡届を提出した市区町村役場の窓口に申請を行います。

3 埋火葬許可申請書を記入して提出しましょう

7日以内に 原則として死亡届と同時に、火葬・埋葬を行うための埋火葬許可申請書を市区町村役場に提出する必要があります。

死亡届と同時に埋火葬許可申請書を提出する

　埋火葬許可申請書は、一般的に死亡届と同時に提出します。市区町村役場の窓口で申請が受理されると埋火葬許可証が交付されます。申請する時に、所定の火葬料が必要となる場合もあります。

　なお、多くの火葬場は友引が休みとなっているので、葬儀の日程調整の際に頭に入れておきましょう。火葬が行われると、火葬場が埋火葬許可証に火葬済みの証印を押してくれるので、それが埋葬許可証になります。埋葬許可証は、墓地や霊園に納骨する際に必要になります。

●埋葬までの一般的な流れ

※各自治体により、扱いが異なる場合があります。

埋火葬許可申請書の記入

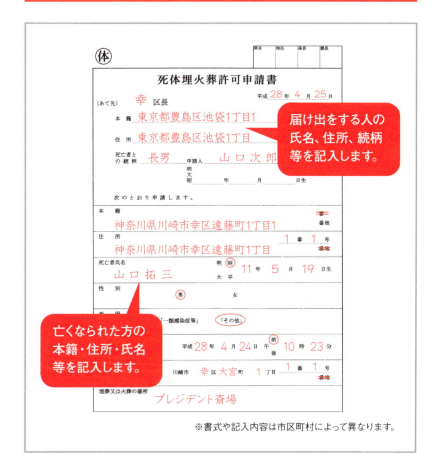

メモ　流産、死産の届け出について

　死産の場合は、医師または助産師に死産証書を作成してもらい、市区町村役場の窓口に死産届を提出します。妊娠12週以降の死産（流産・中絶を含む）も同様の手続きとなります。

4 葬儀・納骨の流れを確認しましょう

亡くなられてすぐに 通夜や葬儀、納骨、法要等、大切な家族が亡くなられてからの大まかな流れを、日本で主流な仏式の法要を中心にここで確認しておきましょう。

葬儀・法要の前に知っておきたいこと

●葬儀・法要について

葬儀・法要のしかたは、宗教（仏式、神式、キリスト教式等）によって異なります。仏式でも、宗派による違いもあります。現在では、初七日法要を告別式の日に行い、その後、四十九日、百か日、一周忌を行うことが多くなっています。⇨ **P17 葬儀・法要の一般的な流れ**

●喪主のやるべきこと

喪主は、遺族を代表して葬儀を執り行います。葬儀の具体的な進行は葬儀社や世話役に任せて、事前の段取り等についての意思決定、弔問客や僧侶への応対等を行います。

●どのタイミングで連絡するのか

家族が危篤になったら、遠方の家族や血縁の濃い親族、親しい友人、関係者等に連絡をします。亡くなった後に、誰に連絡するのかについては、家族・親族の中で相談しながら決めていきます。

●神式やキリスト教式の法要では

神式では「霊祭」、キリスト教では「追悼ミサ」「記念式」等、仏式の法要にあたるものがあります。親族や葬儀社等、それぞれに詳しい人に確認してひとつひとつ進めましょう。

葬儀・法要の大まかな流れについて

　基本的には亡くなられて（臨終）から、病院等の場合は安置所に一時安置されます。次に、自宅等の安置場所へ遺体を移すために、葬儀社を決めて、搬送を依頼します。その後、葬儀社と通夜・葬儀の打ち合わせを行って、通夜（葬儀の前日）・葬儀を終えたら出棺し、火葬場で火葬されます。骨上げ・拾骨を行い、火葬場から埋葬許可証を交付してもらいます。初七日（亡くられた日を含めて7日目）から四十九日あたりで納骨を行った後、百か日、一周忌、三回忌以後の法要があります。

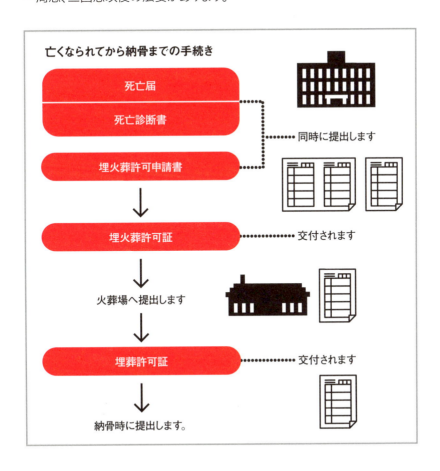

葬儀社をどうやって決めるのか

　家族が亡くなられたら葬儀社を決めなければなりません。事前に準備をしていなかった場合、限られた時間で判断しなければならないため、トラブルにならないように注意する必要があります。一般的に葬儀社では、葬儀をランクごとに分けて、セット料金が設定されています。セットに含まれている内容、何に追加料金がかかるのかを理解しておかないと、想定外の料金となる危険性もあります。葬儀社との打ち合わせに、喪主や親族以外の第三者が加わることで、トラブルを避けることも可能になります。

　亡くなってから葬儀社を探すのは時間的な制約も多いため、どのような葬儀を行ってほしいか等、生前に家族で確認して、自らの葬儀についてエンディングノート等にまとめておくのもいいでしょう。

葬儀社を選ぶときに気をつけたいこと

- 事前の相談に、丁寧に応じてくれるかどうか
- 見積もりを出してくれるか。見積もりの料金設定は明確か
- 強引に契約を迫ることなく、こちらの要望を聞き入れてくれるか
- 地元の評判や、インターネット上の評価はどうか　等

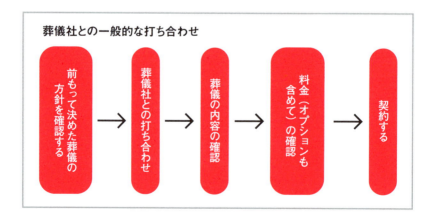

葬儀社との一般的な打ち合わせ

前もって決めた葬儀の方針を確認する → 葬儀社との打ち合わせ → 葬儀の内容の確認 → 料金（オプションも含めて）の確認 → 契約する

メモ 葬儀費用は誰が負担するのか？

　家族が亡くなった後、葬儀の喪主になるのはどなたでしょうか。そして、その葬儀費用は誰が負担するのでしょうか。金融機関は預金者が亡くなったことを知ると、口座を凍結してしまいます。手元に現金がなければ、喪主になった方が立替払いすることになると思います。

　では、喪主が支払った葬儀費用は、戻ってくるのでしょうか？　遺産分割の際に葬儀費用分は優先してもらえると考える人が少なくないかもしれません。しかし、実際は異なります。法的には、葬儀費用は被相続人が亡くなった後に発生した債務なので、遺産分割とは無関係です。遺産分割の際に優先して葬儀費用を戻すには、相続人全員の合意が必要になります。他の相続人が葬儀費用の分担を拒んだ場合、喪主を引き受けた人だけが葬儀費用を負担したことになり、損をすることになってしまうのです。

　そうなると、一番親しい関係があって亡くなった後のこともいろいろとしてくれた相続人だけが、葬儀の費用や手続きの手間等を負担している分、他の相続人より実質的な取り分が少なくなってしまうことになってしまいます。そのような事態を防ぐためには、遺言を作成する等「終活」として準備をきちんとしておくことをお勧めします。

　最近は、葬儀費用が遺産分割に含まれないということをインターネット等の情報で知っている相続人も多く、他の相続人がかたくなに葬儀費用を相続財産で負担することを拒否するというケースもあります。その場合、全員が平等に遺産を相続する結果、葬儀費用を負担した人だけが実質的に損をすることになってしまうのです。このようなことを回避するために、亡くなったあと迷惑をかけないためにも、自身の葬儀費用の準備をしておきたいものです。

5 先祖のお墓を移したい（改葬したい）ときに

必要な場合に 実家の近くにあるお墓等、遠く離れて暮らしているといった理由で、お墓を新しい場所に移す手続きについて確認しましょう。

お墓を移すことを、改葬といいます。改葬には改葬許可が必要で、無断で行うことはできません。改葬には、新旧の墓地管理者との手続きだけではなく、市区町村役場の窓口での手続きも必要です。本来はそれほど急ぐ手続きではありませんが、大まかな流れをここで確認しておきましょう。

手続きは、市区町村によって多少変わってきます。基本的にはまず新しいお墓等の使用許諾をもらい、現在お墓がある市区町村の役場に改葬許可申請書を提出します。交付された改葬許可証を、新しいお墓の管理者に提出してから遺骨を移す、という流れになります。

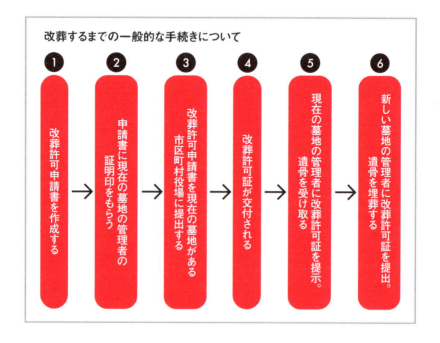

改葬するまでの一般的な手続きについて

1. 改葬許可申請書を作成する
2. 申請書に現在の墓地の管理者の証明印をもらう
3. 改葬許可申請書を現在の墓地がある市区町村役場に提出する
4. 改葬許可証が交付される
5. 現在の墓地の管理者に改葬許可証を提示。遺骨を受け取る
6. 新しい墓地の管理者に改葬許可証を提出。遺骨を埋葬する

改葬許可申請書の記入

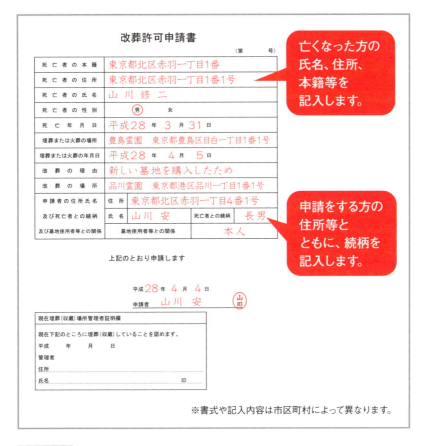

メモ 改葬のときのお布施や離檀料は

　改葬する際には手続きだけではなく、新旧のお墓の管理者や親族との調整が必要になります。ご先祖の供養をしてくれている現在のお墓の管理者には、改葬の理由等を説明し、感謝の意を伝えるようにしましょう。万が一、お墓の管理者から離檀料等の名目で、高額な金員を請求された場合は、弁護士や市区町村役場の消費生活センター等に相談してみましょう。

6 健康保険の資格喪失に必要な手続き

国民健康保険14日以内 **会社員等の健康保険5日以内** 亡くなられた方が被保険者だった場合は、健康保険の資格喪失の手続きをして、健康保険証等を返却します。保険や年金等いろいろある手続きの中でも、この資格喪失は早めに手続きすることが必要です。亡くなると被保険者としての資格を失うため、健康保険証（被保険者証）は死亡した翌日から使えなくなります。また、第3章で紹介する葬祭費等の請求をあわせて行うといいでしょう。 ⇨ **P68　葬祭費の申請について**

国民健康保険または後期高齢者医療制度に加入していたら

　亡くなった方が国民健康保険に加入していたら国民健康保険資格喪失届を、75歳以上（65〜74歳で障害のある方を含む）であった場合は後期高齢者医療資格喪失届を世帯主等が提出します。

●国民健康保険被保険者証等を返却するには

返却するところ	故人が住んでいた市区町村役場の窓口
提出書類	国民健康保険資格喪失届、もしくは後期高齢者医療資格喪失届
返却する物	・国民健康保険被保険者証（世帯主死亡の場合は世帯全員分） ・国民健康保険高齢受給者証（亡くなった方の分） ・後期高齢者医療被保険者証（亡くなった方の分）
その他必要になるもの	・死亡を証明する戸籍謄本等 ・世帯主の印鑑（認印） ・運転免許証等の本人を確認する資料 ※後期高齢者医療に加入していた場合 　・相続人の印鑑・預金通帳（高額療養費がある場合） 　・限度額適用・標準負担額減額認定証 　・特定疾病療養受療証

国民健康保険資格喪失届の記入

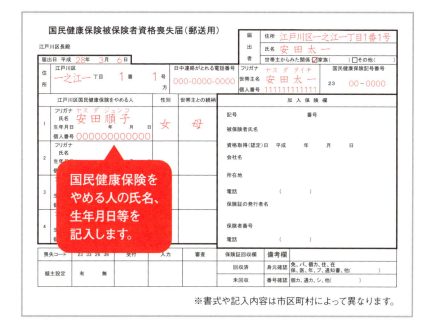

※書式や記入内容は市区町村によって異なります。

会社員等で、国民健康保険以外の健康保険に加入していたら

　亡くなった方が会社員等であった場合は、健康保険・厚生年金保険被保険者資格喪失届を年金事務所に提出し、資格を喪失しなければなりません。一般的には会社側で退職手続き等と一緒に行ってくれるケースが多いので、会社の担当者に確認しましょう。基本的に、健康保険証は会社が代行してくれる場合、会社を経由して返却します。

7 世帯主を変更するときに必要な手続き

14日以内 世帯主が亡くなった場合に、原則として世帯主を変更する手続きが必要になります。

世帯主の変更は、住所地の市区町村役場の窓口で、世帯主変更届を提出します。様式は転出・転入のときに提出する住民異動届と同じ用紙であることが少なくありません。

世帯主が亡くなって世帯が2人以上（配偶者以外の者が新たに世帯主になる等）の場合は、世帯主に変更が生じた日から14日以内に住民票の世帯主を変更する必要があります。

残された世帯員が1名になった場合や、親と15歳未満の子というように新しい世帯主が明白な場合、また、亡くなった方が世帯主ではなかった場合は届け出る必要はありません。

また、国民健康保や介護保険、児童扶養手当等については、世帯主欄が変わるため、世帯のうち該当するものに加入している世帯員の保険証等を持参する必要があります。世帯主が変更されると、国民健康保険に加入している場合、保険料が計算し直されて、新しい世帯主に通知が届くようになります。

●世帯主変更届（住民異動届）を提出するには

提出するところ	故人が住んでいた市区町村役場の窓口
手続きできる人	新しい世帯主、または同一世帯の者。もしくは代理人
必要になるもの	・国民健康保険証（加入者のみ） ・運転免許証等の本人を確認する資料 ・委任状（代理人の場合）、印鑑 等

世帯主変更届（住民異動届）の記入

新世帯主と旧世帯主を記入します。

※書式や記入内容は市区町村によって異なります。

家族が亡くなったすぐ後に行う届け出と手続きについて

メモ 児童扶養手当の申請について

　配偶者が亡くなって、父子家庭や母子家庭になった場合に、所得が一定水準に達していない等、受給要件を満たせば、児童扶養手当を受給することができるようになります。該当する可能性のある場合は、世帯主を変更するときに、市区町村役場の窓口に確認してみましょう。

⇨ P57　児童扶養手当ての受給

手続きに必要な証明書等を取得しましょう

　身近な人が亡くなると、届け出や手続きのために、さまざまな書類が必要になってきます。それぞれ、どのような書類が必要で、どこで取得できるかを確認しておきましょう。

● どこでどのような書類を取得できるか

書類の名称	取得できる場所	補足説明
住民票	住所地の市区町村役場	一般的に「住民票の写し」と呼ばれることもあります
除住民票（除票）	故人が最後に住んでいた住所地の市区町村役場	故人が一人世帯でないときには、住民票に死亡が記載される。故人も含めた住民票を請求します
印鑑証明書	住所地の市区町村役場	印鑑登録証がないと請求できないので持参します
戸籍謄本	本籍地の市区町村役場	本籍がわからないときは、本籍を記載した住民票を請求し、確認します
除籍謄本	本籍地の市区町村役場	転籍や死亡により、戸籍に誰も残らなくなると、除籍となります

メモ 窓口以外で取得できる書類

　住民票や戸籍謄本が必要でも、役場が遠方にあることもよくあるケースです。そのような場合には、郵送で請求することもできます。役場のウェブサイトに郵送での請求方法が案内されている場合や、申請書等の書類もダウンロードできる場合もあります。
　また、自治体によっては、コンビニエンスストア等のマルチコピー機で、住民票や印鑑証明書、戸籍謄本等が取得できるところもあります。自治体ごとに取得できる書類は異なるので、事前に確認してみましょう。

第2章

遺族年金等を受け取るための手続きについて

　年金制度の中には、加入中の人や、受給資格期間を満たしている人が亡くなった場合に、残された遺族に支払われる遺族年金があります。遺族年金は、受け取ることのできる遺族にも一定の要件があり、亡くなった方がどのような年金に加入していたかによって支給額が変わってきます。一家の大黒柱が亡くなったとき、遺族の生活の支えとなる遺族年金ですが、遺族自ら請求しないと支給されません。この章では遺族年金の制度と手続きについて、確認しましょう。

家族が亡くなった後に遺族が行う年金等の手続きで必要なこと

　年金に関して、遺族が行うべき手続きは大きく分けると3つあります。すぐに行う必要があるのが、亡くなった人が年金を受給していた場合の年金受給の停止と、未支給年金の請求です。また、遺族が受け取れる遺族年金や死亡一時金の請求も忘れずに行っておきましょう。

年金について確認すること

　家族等、生計を同一にしていた方が亡くなった場合に、年金に関して行う必要のある手続きの1つ目は、亡くなった方が年金を受給していた場合の、年金の受給停止です。さらに2つ目として亡くなった月までの未支給の年金を受給する手続きもあり、この2つの手続きはすみやかに行う必要があります。さらに、亡くなった方が加入・受給していた年金の種類や保険料を納めた期間を確認し、遺族がどのような年金や一時金が受給できるかを知り、請求する手続きも大切です。遺族が受給できる年金で主なものは遺族基礎年金（国民年金）と遺族厚生年金（厚生年金）があり、亡くなった方が加入・受給していた年金の種類や保険料納付期間によって、受給できる金額が変わります。遺族年金には請求期間があり、これを過ぎると受け取れなくなるので、すみやかに必要な手続きを行いましょう。

●遺族に支給される年金・一時金について

亡くなった人の条件	遺族に支給される年金・一時金
国民年金に加入（自営業等）	遺族基礎年金 （該当すれば、①寡婦年金・②死亡一時金〈①②どちらか選択〉）
国民年金および厚生年金に加入（会社員等）	遺族基礎年金と遺族厚生年金 （該当すれば中高齢寡婦加算・経過的寡婦加算）
会社員の配偶者等	なし
老齢基礎年金受給権者（※1）または受給資格期間を満たしている（※2）	遺族基礎年金
老齢厚生年金受給権者（※1）また受給資格期間を満たしている（※2）	遺族厚生年金・遺族基礎年金 （該当すれば中高齢寡婦加算・経過的寡婦加算）

※1:原則65歳以上で受給資格期間25年以上の場合
※2:受給資格期間25年を満たしているが原則65歳に達していない場合

●年金の種類と加入する人について

　国民年金は、「自営業」「農業等に従事する人」「学生」「フリーター」「無職」等、日本に住む20歳以上60歳未満のすべての国民が加入します。

　厚生年金（共済年金）は、「法人や団体で働く70歳未満のサラリーマン」や「公務員」等が加入します。

年金制度について

年金制度は細かい条件があって、仕組みが非常に複雑です。個々人の支給条件や金額、不明な点については、年金事務所等へ確認するようにしてください。

●ねんきんダイヤル（一般的な年金に関する問い合わせ先）
　電話番号0570-05-1165

1 公的年金の制度について確認しましょう

亡くなられて、すみやかに　公的年金は国民年金と厚生年金があります。日本に在住する、20歳以上60歳未満のすべての日本国民が加入しているのが国民年金です。会社員、公務員等は国民年金に加え厚生年金や共済年金等にも加入します。国民年金と厚生（共済）年金の2つの年金制度に同時に加入していることになり、これが2階建て年金と呼ばれている年金の基本的な制度です。

● 年金制度（2階建て年金）の仕組みについて

【自営業等】		【会社員等】
	2階部分	厚生（共済）年金
国民年金	1階部分	国民年金

老後のための老齢基礎年金・老齢厚生年金をもらえる人

　受給資格期間は、保険料を納めた期間と保険料の免除を受けた期間等が、合わせて原則25年（300月）以上あることが必要で、受給資格期間を満たしている人は、原則として65歳から年金を受け取ることができます。

　遺族年金は、亡くなられた方が国民年金もしくは厚生年金に加入中のときの死亡であれば、生計を維持されていた所定の家族は支給要件に当てはまります。支給要件など、不明な点がある場合は最寄りの年金事務所やねんきんダイヤルへ問い合わせてみましょう。

●被保険者の種類について

被保険者の種類	被保険者	年金の種類
第1号被保険者	自営業等	国民年金
第2号被保険者	会社員等	国民年金＋厚生（共済）年金
第3号被保険者	会社員等の配偶者	〃

　厚生年金等に加入している人は第2号被保険者、国民年金（基礎年金）だけ加入している人は第1号被保険者と呼びます。

　第2号被保険者に扶養されている配偶者を第3号被保険者といいます。第3号被保険者は、配偶者が加入している年金から拠出金として納付されていることになります。

●給付される年金の種類について

【年金の種類】

老齢	→	老齢基礎年金・老齢厚生年金
障害	→	障害基礎年金・障害厚生年金
死亡	→	遺族基礎年金・遺族厚生年金

メモ　共済年金制度独自の給付や要件

　公務員等が加入している共済年金制度は、厚生年金にはない給付や要件があります。

「共済年金の遺族年金には、厚生年金にはない転給制度がある」「保険料を納めていただか滞納していたかについては問われない」「厚生年金の老齢厚生年金は『標準報酬月額』がもとになるけれども、地方公務員の場合は『標準報酬月額』という概念がない」等、独自の制度で成り立っています。

2 年金受給の停止手続きと、未支給の年金を請求しましょう

亡くなられて、すみやかに　年金受給者が亡くなられた場合は、年金受給を停止する手続きが必要になります。

年金は年6回、偶数月の15日に支払われ、死亡した月の分まで受け取ることができます。このため、まだ支払われていない未支給の年金は、請求すれば受給資格のある遺族に支払われます。年金受給権者死亡届の提出とあわせて未支給年金請求を行いましょう。なお、亡くなった方が年金の受給資格期間を満たしていたにもかかわらず、年金をもらっていなかった場合でも未支給年金は支払われます。

未支給年金の受給資格とは

亡くなられた方が受けるべきであった未支給分の年金は、故人と生計を同じくしていた❶配偶者　❷子　❸父母　❹孫　❺祖父母　❻兄弟姉妹　❼それ以外の3親等内の親族という順番で請求することができます。自分より先の順位の方がいる場合は請求できません。同じ順位の方が2人以上いる場合は、1人が行った請求は全員のために全額を請求したもの、1人に対して支給された年金は全員に対して支給したものとされます。

●❼それ以外の3親等内の親族の詳細について

1親等	子の配偶者、配偶者の父母・子
2親等	孫の配偶者、兄弟姉妹の配偶者、配偶者の祖父母、配偶者の兄弟姉妹、配偶者の孫
3親等	曾孫、曾祖父母、曾孫の配偶者、甥・姪、伯父・伯母・叔父・叔母、甥・姪の配偶者、伯父・伯母・叔父・叔母の配偶者、配偶者の曾祖父母、配偶者の甥・姪、配偶者の伯父・伯母・叔父・叔母、配偶者の曾孫

●未支給【年金・保険給付】請求書の記入

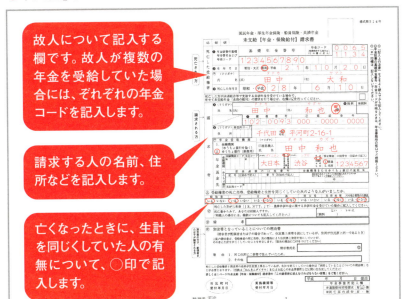

故人について記入する欄です。故人が複数の年金を受給していた場合には、それぞれの年金コードを記入します。

請求する人の名前、住所などを記入します。

亡くなったときに、生計を同じくしていた人の有無について、○印で記入します。

●未支給年金の請求方法について

請求するところ	最寄りの年金事務所、または年金相談センター
提出書類	未支給【年金・保険給付】請求書 年金受給権者死亡届（報告書）
必要になるもの	・故人の年金証書 ・亡くなった事実を明らかにできる書類（戸籍謄抄本、死亡診断書） ・故人と請求者との身分関係を証明できる書類（市区町村長の証明書、戸籍謄抄本等〈住民票は不可〉） ・故人の住民票（除票）と請求者の世帯全員の住民票等 ・受け取りを希望する金融機関の通帳（コピーでもかまいません） ・亡くなった方と請求する方が別世帯の場合は「生計同一についての別紙の様式」等

●年金受給権者死亡届（報告書）の記入について

　基本的に未支給【年金・保険給付】請求書の提出と同時に行います。死亡届を提出していても、この「年金受給権者死亡届（報告書）」の届け出が遅れた場合には、本来、受け取るはずではない年金が振り込まれてしまう場合があります。返還が必要となり二度手間になってしまうため、年金受給権者死亡届（報告書）を忘れずに行いましょう。

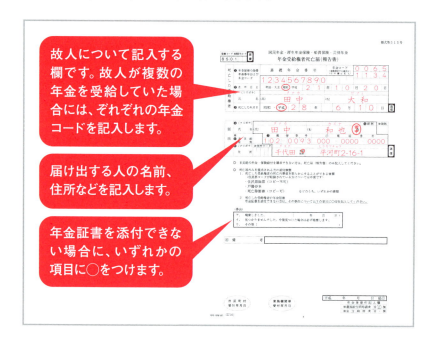

3 遺族年金の請求について確認しましょう

時効5年 亡くなった方がどの年金に加入していたのか、遺族年金を受けられる遺族は誰なのか、実際に遺族に該当した場合には遺族年金をいくらもらえるのかを、それぞれ確認していきましょう。

遺族年金の前提要件として

亡くなった方が加入していた年金により、遺族にあたる範囲は異なります。遺族年金は、養ってくれていた方が亡くなって残された家族のためのお金でもあるので、年金（一時金を含む）をもらえる遺族の範囲は、亡くなった方に生計を維持されていたことが前提となります。

生計を維持されていたとは、亡くなった当時、故人と生計を同一にしていた方で、年収850万円を将来にわたって得られない人のことです。死亡時に年収が850万円以上であったとしても、5年以内に年収が850万円未満になると認められる方は遺族年金の対象になります。

遺族年金の年金額と受給期間について

遺族基礎年金、遺族厚生年金の額は、物価や賃金等の変動に応じ毎年見直しが行われます。一度決定したら年金はずっと受給できるというわけではなく、支給停止や受給資格を喪失する場合があります。

「遺族基礎年金」を受け取れる人とは？

　遺族基礎年金は、国民年金に加入している人、またはしていた人が亡くなったときに、亡くなった方によって生計を維持されていた子のいる妻や夫、または子が受け取ることができます。

●遺族基礎年金における亡くなった方についての要件について

① 被保険者（※）

② 60歳以上65歳未満で日本国内に住所を有する被保険者（※）

③ 老齢基礎年金の受給権者であった人

④ 老齢基礎年金の受給資格期間（25年）を満たしていた人

※①②は死亡日の月の前々月までの被保険者期間のうち、保険料納付済み期間が3分の2以上あることが必要となります。死亡日が平成38年4月1日より前の場合、65歳未満であれば死亡日の月の前々月までの1年間に保険料の未納がなければ受けられます。

●遺族基礎年金を受け取れる遺族の範囲について

① 子（※）のある妻

② 子のある夫

③ または子

※子は結婚をしていない、かつ18歳の誕生日の属する年度末まで、もしくは20歳未満で障害（1級・2級）があることが要件です。

遺族基礎年金の年額について

・子のある配偶者が受け取るとき……780,100円+子の加算額（※）

・子が受け取るとき……780,100円+2人目以降の子の加算額（※）

上記の額を子の数で割った額が、1人あたりの額になります。

※1人目および2人目の子の加算額は224,500円、3人目以降の子の加算額は1人あたり74,800円。

「遺族厚生年金」を受け取れる人とは？

厚生年金に加入している人、またはしていた人が死亡したときに以下の支給要件に該当していれば、遺族基礎年金とあわせて遺族厚生年金を受け取ることができます。

●遺族厚生年金における亡くなった方についての要件について

① 被保険者（※）

② 被保険者期間中の病気やケガが原因で、初診の日から5年以内に亡くなった場合（※）

③ 1級・2級の障害厚生年金の受給権者

④ 老齢厚生年金の受給権者であった人

⑤ 老齢厚生年金の受給資格期間（25年）を満たしていた人

※①②は死亡日の月の前々月までの被保険者期間のうち、国民年金の保険料納付済み期間が3分の2以上あることが必要です。死亡日が平成38年4月1日より前の場合、65歳未満であれば死亡日の月の前々月までの1年間に保険料の未納がなければ受けられます。②は亡くなったときに受給権がなくても、亡くなった後、さかのぼって障害年金の受給権が認められる場合があります。

●遺族年金を受け取れる遺族の範囲について

① 妻（※）、子（※）、55歳以上（※）の夫

② 55歳以上（※）の父母

③ 孫

④ 55歳以上（※）の祖父母

※子は結婚をしていないこと、かつ18歳の誕生日の年度末まで、もしくは20歳未満で障害（1級・2級）があることが要件です。また、30歳未満の子のない妻への給付期間は5年間まで。55歳以上とは、実際の支給開始は60歳になってから。夫は遺族基礎年金を受給中であれば、55歳未満であっても遺族厚生（共済）年金をあわせて受給できます。

遺族厚生年金の年額について

　遺族基礎年金と違って定額ではなく、遺族厚生年金は亡くなった方の老齢厚生年金の報酬比例部分の年金額の4分の3となります。老齢厚生年金の報酬比例部分は、納付した保険料額の算出基礎となる報酬(月)額と納付月数等の条件により決定されます。詳細は年金事務所やねんきんダイヤルに問い合わせてみましょう。

●遺族基礎年金と遺族厚生年金の請求方法について

請求するところ	遺族基礎年金	遺族基礎年金のみに該当する場合は、市区町村へ、それ以外の場合は最寄りの年金事務所へ
	遺族厚生年金	
提出書類	年金請求書(国民年金・厚生年金保険遺族給付)	
必要になるもの	■故人と請求者、両方について必要となるもの 　・年金手帳 　・年金証書・恩給証書(受給権のあるものすべて) 　・戸籍謄本(全部事項証明書)(死亡された日以降のもの) 　・健康保険証(子がいれば子の分も) ■その他に必要となるもの 　・世帯全員の住民票(生計維持証明) 　・住民票の除票 　・死亡診断書のコピー 　・所得証明書 　・課税(非課税)証明書 　・在学証明書または学生証等(義務教育終了前は不要) 　・請求人の銀行、またはゆうちょの通帳と印鑑(認印可)等	
請求できる人	給付対象の遺族	

選択と併給について

　日本の公的年金は「1人1年金」という原則があり、2つ以上の種類が異なる年金を受給できる場合でも、1つだけを選択して受給するのが基本となります。

　選択とは、遺族年金（遺族基礎年金と遺族厚生年金は1つとみなされます）を受け取っているときに、他の年金を受け取ることができる場合に、どちらか年金を選んで受け取ることをいいます。

　ただし、2つ以上の年金が受け取れる、併給という場合もあります。選択・併給について、以下のような具体的な例を確認してみましょう。

●選択しなければならない具体的な例

> 遺族基礎（厚生）年金と障害厚生年金

> 遺族基礎（厚生）年金と旧厚生年金の遺族年金

> 遺族基礎（厚生）年金（65歳前）と特別支給の老齢厚生年金

●2つ以上の年金を受け取れる具体的な例

> 遺族厚生年金と老齢基礎年金
> 　（ただし「遺族基礎年金」と「老齢基礎年金」は選択となります）

> 遺族厚生年金と障害基礎年金
> 　（ただし「遺族基礎年金」と「障害基礎年金」は選択となります）

●年金請求書（国民年金・厚生年金保険遺族給付）の記入

遺族年金等を受け取るための手続きについて

記入上の注意　・国民年金・厚生年金保険の遺族給付を請求する人は④および⑦欄を記入してください。
　　　　　　・船員保険の遺族給付を請求する人は④および㋐欄を記入してください。

④必ず記入してください。

(1) 死亡した人の生年月日、住所　昭和7年 8月 9日　住所 千代田区平河町2-16-1

(2) 死亡年月日　平成28年 2月 13日
(3) 死亡の原因である疾病または負傷の名称　脳出血
(4) 疾病または負傷の発生した日　　年　月　日

(5) 疾病または負傷の初診日　　年　月　日
(6) 死亡の原因である疾病または負傷の発生原因
(7) 死亡の原因は第三者の行為によりますか。　1 はい・②いいえ

(8) 死亡の原因が第三者の行為により発生したものであるときは、その者の氏名および住所　氏名　　住所

(9) 請求する人は、死亡した人の相続人になれますか。　1 はい・2 いいえ

(10) 死亡した人は次の年金制度の被保険者、組合員または加入者となったことがありますか。あるときは番号を〇で囲んでください。
①国民年金法　　　　　　　　②厚生年金保険法　　　　　　3 船員保険法（昭和61年4月以後を除く）
4 国家公務員共済組合法　　　5 地方公務員等共済組合法　　6 私立学校教職員共済組合法
7 農林漁業団体職員共済組合法　8 旧市町村職員共済組合法　9 地方公務員の退職年金に関する条例　10 恩給法

(11) 死亡した人は、(10)欄に示す年金制度から年金を受けていましたか。　①はい　2 いいえ
受けていたときは、その制度名と年金証書の基礎年金番号および年金コード等を記入してください。
制度名　厚生年金
年金証書の基礎年金番号および年金コード等　9876-54321-1111

⑦国民年金・厚生年金保険の遺族給付を請求するときに記入してください。

(1) 死亡した人が次の年金または恩給のいずれを受けることができたときは、その番号を〇で囲んでください。
1 地方公務員の恩給　　2 恩給法（改正前の執行官法附則第13条において、その例による場合を含む。）による普通恩給
3 日本製鉄八幡共済組合の老齢年金または養老年金　　4 旧外地関係または旧海軍関係共済組合の退職年金

(2) 死亡した人が昭和61年3月までの期間において国民年金に任意加入しなかった期間が、次に該当するときはその番号を〇で囲んでください。
1 死亡した人の配偶者が⑦の(10)欄（国民年金を除く。）に示す制度の被保険者、組合員または加入者であった期間
2 死亡した人の配偶者が⑦の(10)欄（国民年金を除く。）および(11)欄に示す制度の老齢年金または退職年金を受けることができた期間
3 死亡した人または配偶者が⑦の(10)欄（国民年金を除く。）に示す制度の老齢年金または退職年金の受給資格期間を満たしていた期間
4 死亡した人または配偶者が⑦の(10)欄（国民年金を除く。）および(11)欄に示す制度から障害年金を受けることができた期間
5 死亡した人または配偶者が戦傷病者戦没者遺族等援護法の障害年金を受けることができた期間
6 死亡した人が⑦の(10)欄（国民年金を除く。）および(11)欄に示す制度から遺族に対する年金を受けることができた期間
7 死亡した人が戦傷病者戦没者遺族等援護法の遺族年金または未帰還者留守家族手当もしくは特別手当を受けることができた期間
8 死亡した人または配偶者が都道府県議会、市町村議会の議員および特別区の議会の議員ならびに国会議員であった期間
9 死亡した人が都道府県知事の承認を受けて国民年金の被保険者とされなかった期間

(3) 死亡した人が国民年金に任意加入しなかった期間が、上に示す期間以外で次に該当するときはその番号を〇で囲んでください。
1 死亡した人が日本国内に住所を有さなかった期間
2 死亡した人が日本国内に住所を有していた期間であって日本国籍を有さなかったため国民年金の被保険者とされなかった期間
3 死亡した人が学校教育法に規定する高等学校の生徒または大学の学生等であった期間
4 死亡した人が昭和61年4月以後の期間において下に示す制度の老齢または退職を事由とする年金給付を受けることができた期間
ただし、エからサに示す制度の退職を事由とする年金給付であって年齢を理由として停止されている期間は除く。
ア 厚生年金保険法　　イ 船員保険法（昭和61年4月以後を除く）　ウ 恩給法　　エ 国家公務員共済組合法
オ 地方公務員等共済組合法（ケを除く）　カ 私立学校教職員共済組合法　キ 農林漁業団体職員共済組合法　ク 国会議員互助年金法
ケ 地方議会議員共済法　　コ 地方公務員の退職年金に関する条例　　サ 改正前の執行官法附則第13条

(4) 死亡した人は国民年金に任意加入した期間について特別一時金を受けたことがありますか。　1 はい・②いいえ
(5) 昭和36年4月1日から昭和47年5月14日までの間に沖縄に住んでいたことがありますか。　1 はい・②いいえ
(6) 旧陸海軍等の旧共済組合の組合員であったことがありますか。　1 はい・②いいえ

(7) 死亡の原因は業務上ですか。　1 はい・2 いいえ
(8) 労災保険から給付が受けられますか。　1 はい・2 いいえ
(9) 労働基準法による遺族補償が受けられますか。　1 はい・2 いいえ

遺族年金等を受け取るための手続きについて

		選んだ記号を記入してください。
(10)	遺族厚生年金を請求する人は、下の欄の質問に答えてください。その結果、アからエのいずれに「はい」と答えた人で、オまたはカについても「はい」と答えた人は、そのうち1つを選んでください。それにより裁定します。	
ア	死亡したとき死亡した人は、厚生年金保険の被保険者でしたか。	1 はい ・ 2 いいえ
イ	死亡の原因となった疾病または負傷が昭和61年3月31日以前の発生であるとき ○死亡した人が厚生年金保険(船員保険)の被保険者の資格を喪失した後に死亡したときであって、厚生年金保険(船員保険)の被保険者であった間に発した疾病または負傷が原因で、その初診日から5年以内に死亡したものですか。	1 はい ・ 2 いいえ
ウ	死亡の原因となった疾病または負傷が昭和61年4月1日以後の発生であるとき ○死亡した人が厚生年金保険の被保険者の資格を喪失した後に死亡したときであって、厚生年金保険の被保険者であった間に初診日のある疾病または負傷が原因で、その初診日から5年以内に死亡したものですか。	1 はい ・ 2 いいえ
エ	死亡したとき死亡した人は障害厚生年金(2級以上)または旧厚生年金保険(旧船員保険)の障害年金(2級相当以上)を受けていましたか。	1 はい ・ 2 いいえ
オ	死亡した人が大正15年4月1日以前の生まれのとき ○死亡した人は旧厚生年金保険(旧船員保険)の老齢年金・通算老齢年金の受給権者でしたか、または受給資格期間を満たしていましたか。	1 はい ・ 2 いいえ
カ	死亡した人が大正15年4月2日以後の生まれのとき ○死亡した人は老齢厚生年金または旧厚生年金保険(旧船員保険)の老齢年金・通算老齢年金の受給権者でしたか、または受給資格期間を満たしていましたか。	1 はい ・ 2 いいえ
(11)	死亡した人が共済組合等に加入したことがあるときは、下の欄の質問に答えてください。	
ア	死亡の当時は、共済組合等に加入していましたか。	1 はい ・ 2 いいえ
イ	死亡の原因は、公務の事由によりますか。	1 はい ・ 2 いいえ
ウ	請求者は同一事由によって共済組合等から遺族給付を受けられますか。	1 はい ・ 2 いいえ

請求するときに記入をし船員保険の遺族給付

(1)	死亡した人の死亡の原因は次のいずれに該当しますか。番号を○で囲んでください。	1 職務上 ・ 2 通勤災害
(2)	船員保険から行方不明手当金の支給を受けられますか。	1 はい ・ 2 いいえ
(3)	請求する人が、死亡した人の妻であって55歳未満で加給年金対象の子がなく、かつ、障害により労働能力がない状態にあるときは記入してください。	障害の状態に該当した年月日 年 月 日
(4)	死亡の当時、使用されていた船舶所有者について記入してください。	名称(氏名) 住 所

生計維持・同一証明

生計同一関係

右の者は死亡者と生計を同じくしていたこと、および配偶者と子が生計を同じくしていたことを申し立てる。
(証明する。)
平成28年2月25日
請求者　住　所　千代田区平河町2-16-1
(証明者)　氏　名　鳥山 恵　㊞
(請求者との関係)

	氏　名	続柄
請求者	鳥山 恵	長女

(注) 1　この申立は、民生委員、町内会長、事業主、社会保険委員、家主などの第三者の証明に代えることができます。
　　 2　この申立(証明)には、それぞれの住民票の写しを添えてください。

収入関係

1　この年金を裁定請求する人は次に答えてください。　※確認印　＊社会保険事務所等の確認事項
(1) 請求者(名: 恵　)について年収は、850万円未満ですか。　はい・いいえ　(　)印　ア 健康保険等被扶養者(第三号被保険者)
(2) 請求者(名:　　)について年収は、850万円未満ですか。　はい・いいえ　(　)印　イ 加算額または加給年金額対象者
(3) 請求者(名:　　)について年収は、850万円未満ですか。　はい・いいえ　(　)印　ウ 国民年金保険料免除世帯
2　上記1で「いいえ」と答えた者のうち、その者の収入がこの年金の受給権発生当時以降おおむね5年以内に850万円未満となる見込がありますか。　はい・いいえ　　エ 義務教育終了前　オ 高等学校等在学中　カ 源泉徴収票・非課税証明等

平成　　年　　月　　日提出

(注) 平成6年11月8日までに受給権が発生している方は「600万円未満」となります。
※　請求者が申立を行う際に自ら署名する場合は、請求者の押印は不要

> 収入関係については、生計維持があったことを証明する書類をあわせて用意します。

> 国民年金の加入期間は、住んでいた住所を記入します。

> 会社の所在地がわからない場合は、市区町村名だけでも記入します。

⑥ 履 歴（公的年金制度加入経過）　　　　　請求者の電話番号（　　）－（　　）－（　　）
※できるだけくわしく、正確に記入してください。

	(1) 事業所（船舶所有者）の名称および船員であったときはその船舶名	(2) 事業所（船舶所有者）の所在地または国民年金加入時の住所	(3) 勤務期間または国民年金の加入期間	(4) 加入していた年金制度の種類	(5) 備考
最初		千代田区平河町2-16-1	昭和 27・8・9 から 29・3・31 まで	① 1 国民年金 2 厚生年金保険 3 厚生年金(船員)保険 4 共済組合等	
2	株式会社 銀座社	中央区銀座6-4-1	29・4・1 から 平成 28・2・13 まで	② 1 国民年金 2 厚生年金保険 3 厚生年金(船員)保険 4 共済組合等	
3			・・ から ・・ まで	1 国民年金 2 厚生年金保険 3 厚生年金(船員)保険 4 共済組合等	
4			・・ から ・・ まで	1 国民年金 2 厚生年金保険 3 厚生年金(船員)保険 4 共済組合等	
5			・・ から ・・ まで	1 国民年金 2 厚生年金保険 3 厚生年金(船員)保険 4 共済組合等	
6			・・ から ・・ まで	1 国民年金 2 厚生年金保険 3 厚生年金(船員)保険 4 共済組合等	
7			・・ から ・・ まで	1 国民年金 2 厚生年金保険 3 厚生年金(船員)保険 4 共済組合等	
8			・・ から ・・ まで	1 国民年金 2 厚生年金保険 3 厚生年金(船員)保険 4 共済組合等	
9			・・ から ・・ まで	1 国民年金 2 厚生年金保険 3 厚生年金(船員)保険 4 共済組合等	
10			・・ から ・・ まで	1 国民年金 2 厚生年金保険 3 厚生年金(船員)保険 4 共済組合等	
11			・・ から ・・ まで	1 国民年金 2 厚生年金保険 3 厚生年金(船員)保険 4 共済組合等	
12			・・ から ・・ まで	1 国民年金 2 厚生年金保険 3 厚生年金(船員)保険 4 共済組合等	
13			・・ から ・・ まで	1 国民年金 2 厚生年金保険 3 厚生年金(船員)保険 4 共済組合等	

(6) 死亡した人が最後に勤務した事業所について記入してください。
1 事業所（船舶所有者）の名称を記入してください。

名称　株式会社 銀座社

2 健康保険（船員保険）の被保険者証の記号番号がわかれば記入してください。

記号 111　　番号 2345

⑦ 死亡した人が退職後、個人で保険料を納める第四種被保険者、船員保険の年金任意継続被保険者となったことがありますか。　　1 はい・② いいえ

「はい」と答えたときは、その保険料を納めた社会保険事務局、社会保険事務所または社会保険事務局の事務所の名称を記入してください。

その保険料を納めた期間を記入してください。　昭和・平成　年　月　日から　昭和・平成　年　月　日

第四種被保険者（船員年金任意継続被保険者）の整理記号番号を記入してください。　（記号）　　（番号）

52

4 寡婦年金と死亡一時金について

寡婦年金の時効は5年、**死亡一時金の時効は2年** 遺族基礎年金の要件に該当せず、受給できなかった場合でも、高齢寡婦に対する所得補償や、納付した保険料が掛け捨てにならないように支給される寡婦年金と死亡一時金があります。両方の要件に該当する場合は、選択によってどちらか一方を受給することができます。選択しなかった方は受給権を失うことになります。

●寡婦年金を受給できる要件について

亡くなった夫	①国民年金の第1号被保険者として保険料を納めた期間（免除期間を含む）が25年以上 ②老齢基礎年金を受けたことがない ③障害基礎年金の受給権者であったことがない
妻	①10年以上継続して婚姻関係にある ②65歳未満である
受給対象者・期間	60～64歳の妻
時効	受給できる資格ができた日（亡くなった日の翌日）から5年
気をつけること	・夫が障害基礎年金をもらったことがあるもしくは年金受給権者であった場合は請求できません ・妻が繰り上げの老齢基礎年金をもらっている場合は請求できません

●死亡一時金を受給できる要件について

亡くなった人	①国民年金の第1号被保険者として保険料を納めた期間が3年以上 ②老齢基礎年金・障害基礎年金を受けたことがない
受給対象者	生計を同一にしていた配偶者→子→父母→孫→祖父母→兄弟姉妹の順
時効	受給できる資格ができた日（亡くなった日の翌日）から2年
気をつけること	亡くなった方が老齢基礎年金、障害基礎年金のいずれかの年金を受給していたとき、および遺族基礎年金を受けることができる方がいるときは請求できません

●寡婦年金・死亡一時金の請求方法について

請求するところ	故人の最後の住所地の市区町村役場、もしくは最寄りの年金事務所等	
提出書類	国民年金寡婦年金裁定請求書 死亡一時金裁定請求書	
必要になるもの	・亡くなった方の年金手帳 ・亡くなった方と請求者の身分関係を明らかにすることができる戸籍謄本 ・請求する人が死亡した方によって生計を維持していたことを明らかにすることができる書類（住民票の写し）等	
請求できる人	寡婦年金	故人の妻
	死亡一時金	配偶者→子→父母→孫→祖父母→兄弟姉妹

　寡婦年金の受給できる額は夫の死亡した日の前日までの第1号被保険者としての被保険者期間について、老齢基礎年金の計算方法により計算した額の4分の3です。

　死亡一時金の受給できる額は、以下の表のように、保険料納付済み期間の長さにより12万～32万円になります。付加年金を3年以上納付していた場合は8,500円が死亡一時金に加算されます。

●死亡一時金の受給額（一括）

保険料納付月	金額
36月以上 180月未満	120,000円
180月以上 240月未満	145,000円
240月以上 300月未満	170,000円
300月以上 360月未満	220,000円
360月以上 420月未満	270,000円
420月以上	320,000円

5 遺族厚生年金に加算される給付について

亡くなられて、すみやかに 厚生年金の被保険者であった夫が亡くなった場合に、遺族厚生年金の受給要件には該当するものの遺族基礎年金の支給要件には該当しない妻や、遺族基礎年金の給付が終了した妻に加算される給付について説明します。

●中高齢寡婦加算を受給できる要件について

亡くなった夫	①下記に該当する場合 ・被保険者 ・被保険者期間中の病気やケガが原因で初診日から5年以内に死亡したとき ・1級・2級の障害厚生年金の受給権者 ②老齢厚生年金の受給権者または受給資格期間を満たしている場合、厚生年金の被保険者期間が20年以上ある
妻	①夫の死亡当時40歳以上65歳未満で子（※）がいない ②夫の死亡当時40歳未満だったが、40歳に達した当時、子（※）がいるため遺族基礎年金を受けていた
受給対象者・期間	妻が65歳に達するまで

※18歳の年度末を経過していない子または20歳未満で1級・2級の障害のある子。

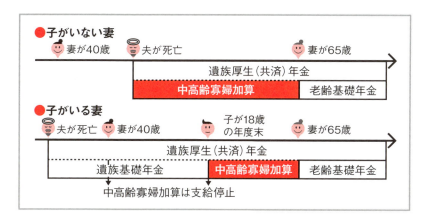

●経過的寡婦加算を受給できる要件について

亡くなった夫	厚生年金の被保険者期間が20年以上 （または40歳以降に15年以上）
妻	昭和31年4月1日以前生まれで65歳以上
受給対象者・期間	65歳に達した妻 （遺族厚生年金が支給し続けられる限り加算される）

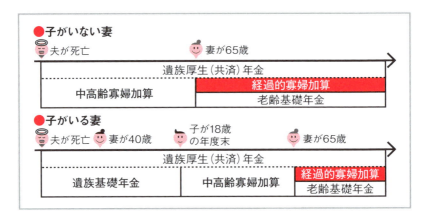

受給できる年額について

・中高齢寡婦加算……

　585,100円を、妻が受ける遺族厚生年金に加算

・経過的寡婦加算……

　経過的寡婦加算＝中高齢寡婦加算（585,100円）−（老齢基礎年金の満額×乗率※）

※乗率は、昭和2年4月2日から昭和31年4月1日までに生まれた方について、生年月日により12/312から348/480の間で決められています。

6 児童扶養手当の受給について確認しましょう

亡くなられて、すみやかに 配偶者が亡くなられた一人親家庭等の子のために、地方自治体から支給される手当として児童扶養手当があります。一定の所得制限があり、遺族年金、老齢年金、障害年金等を受給していたとしても、年金額が児童扶養手当より低い場合は、その差額分の児童扶養手当を受給することができます。

対象者と所得制限について

対象者は、日本国内に住所があって、18歳の誕生日の年度末までの子、もしくは20歳未満で障害（1級・2級）のある子を監護している父、母、または父母に代わって子を養育している方になります。受給者や生計が同じ扶養義務者の所得が一定以上あるときは、手当の全部または一部の支給が停止されることになります。

●児童扶養手当の所得制限について

扶養親族等	受給者の所得		扶養義務者等の所得
	手当の全額が受給できる限度額	手当の一部が受給できる限度額	
0人	19万円未満	192万円未満	236万円未満
1人	57万円未満	230万円未満	274万円未満
2人	95万円未満	268万円未満	312万円未満
3人	133万円未満	306万円未満	350万円未満
それ以上	1人増につき38万円増		

※所得は前年の額で判断します（1月から6月に申請した場合は前々年）。扶養人数は、税法上の扶養親族人数となります。

●児童扶養手当の請求方法について

　児童扶養手当は届け出だけで支給されるのではなく、市区町村に認定請求をして受給の審査を受ける必要があります。

提出するところ	居住している市区町村役場の窓口
必要になるもの	①請求者と対象児童の戸籍謄本 ②世帯全員の住民票 ③請求者本人名義の通帳と印鑑 ④年金手帳　等

●児童扶養手当の支給額（月額）について

児童の数	全部支給の手当の額	一部支給の手当の額
1人	42,320円	所得に応じて月額42,320～9,900円の範囲で決定します。
2人	47,330円（児童1人の額に5,000円加算）	
3人	50,330円（児童2人の額に3,000円加算）	
それ以上	児童が1人増えるごとに月額3,000円追加	

　児童扶養手当は、年3回、前月までの4か月分ずつがまとめて支給されます。また、上記の金額は、平成29年4月より物価スライド制となります。

第3章

少し落ち着いてから行う届け出と手続きについて

　大切な家族が亡くなり葬儀が執り行われると、やるべきことが次から次へと押し寄せてきます。葬儀が終わって少し落ち着くと、何気ない日常の中に寂しさを感じることも少なくないでしょう。そのような中で、忘れずに終わらせておきたい手続きを、この章で確認していきます。

葬儀が終わって
少し落ち着いてから行う
手続きで必要なこと

葬儀、お墓のこと、健康保険の資格喪失等、急いで行わなければならない届け出の他にも、日を追って終わらせなければならない届け出や手続きがあります。期限が定められているものもあるので、少しずつ終わらせていきましょう。

落ち着いてから行う届け出や手続きについて

　亡くなった方が受けていたサービスの解約は、なるべくすみやかに手続きを終わらせましょう。 公共料金や携帯電話、金融取引等、それらを利用することがなくなるために解約する場合は、毎月費用が発生しているものもあるため、手続きのし忘れがないようにします。これまで支払っていたものを確認するには、故人の通帳や郵便物をチェックすると、手がかりになりやすいので便利です。

　また、期限は決められていなくても、名字について、婚姻関係について等、少し時間をかけて、自分の中に答えを出してから終わらせる手続きもあります。

少し落ち着いてから行う手続きで特に注意したいもの

↓ 忘れないようにチェックしてみましょう

確認すること・行うこと	期限	解説ページ
☑ ネット証券の解約 （FXや先物の証拠金取引で追い証を求められる可能性あり）	なるべくすみやかに	P61
☑ NTTの固定電話の解約（相続手続きが必要）	なるべくすみやかに	P63
☑ 故人の所得税の準確定申告	4か月	P64
☑ 葬祭費・埋葬費の請求申請	2年	P68
☑ 高額療養費の請求申請	2年	P72
☑ 故人の事業を引き継ぐ申請	原則として4か月	P76

メモ　ネット証券の契約内容にご用心

　家族が亡くなった後の手続きで特に注意が必要なのが、故人が契約していたネット証券の取引です。ネット証券は通常、契約者に書面やダイレクトメールを送る機会が少なく、メールのみの連絡となるため、契約していることを見落としやすくなります。被相続人が残した情報（有価証券報告書、通帳、手帳等）が見つかれば、それをきっかけに、各金融機関に問い合わせを行う必要があります。ＦＸや先物の証拠金取引の場合、取引が続いていると追い証を求められる可能性も発生するので、早期に発見をして取引を中止するようにしましょう。

⇨ **P117　金融機関への連絡**

1 支払方法の変更や解約手続きをしましょう

亡くなられて、すみやかに 金融機関が亡くなった方の口座を凍結すると、公共料金等の自動引き落としができなくなります。できるだけ早く各種変更の手続きをしておきましょう。

携帯電話やインターネットについて

　亡くなった方の携帯電話は、除籍謄本等、死亡の事実が確認できる書類を窓口へ持参すれば、解約手続きができます。原則として手数料はかかりませんが、解約日までの料金を日割りで請求されることが多いため、早めに解約手続きをしたほうがいいでしょう。インターネットのプロバイダー等の解約は、電話やインターネットで手続きが可能なこともあります。

電気・ガス・水道について

　電気やガス、水道の契約者変更手続きは、電話やインターネット経由で行うことができます。サービスセンター等に連絡し、必要書類を送ってもらうのがいいでしょう。亡くなった方の口座は使えなくなるため、口座振替を利用している場合には、支払方法の変更手続きも必要です。書類によっては、銀行に登録している印を押すものもあるので、印鑑を探しておきましょう。

NTTの固定電話について

　電話加入権は、財産として相続する手続きが必要です。戸籍謄本等を添付すれば、郵送でも手続きをすることができます。電話加入権も相続税算定の対象となる財産なので、申告の際には注意が必要です。

2 クレジットカード・免許証の返却手続きをしましょう

亡くなられて、すみやかに 亡くなった方が所持していた運転免許証やクレジットカードは、紛失や盗難、第三者の悪用を避けるためにも、返納や解約を済ませておきましょう。

クレジットカードについて

　手続きの方法はカード会社により異なります。まず電話で問い合わせて、必要な書類をそろえます。ただし、カードの契約を解約しても、故人が使用したカードの未払金については、原則として相続人が支払わなければなりません。利用明細が気になる場合は、情報を開示してもらうといいでしょう。特に公共料金をカード払いにしているケースも少なくないので、あわせて確認しましょう。

運転免許証について

　亡くなった方の運転免許証は、原則として最寄りの警察署等の窓口で返納する手続きを行います。運転免許証とともに、死亡の事実が確認できる書類（死亡診断書のコピー等）を添えて手続きをします。返納手続きを行わなくても、更新手続きを行わなければ自動的に失効します。

パスポートについて

　亡くなった方のパスポートと死亡した事実が確認できる書類を用意して、最寄りのパスポートセンターに届け出ます。有効期間が切れている場合には、特に死亡の事実が確認できる書類は必要ありません。

3 少し落ち着いてから行う届け出と手続きについて

3 亡くなった人の所得税の申告手続きをしましょう

原則として4か月以内 確定申告の必要な方が年の途中で亡くなった場合に、相続人は亡くなった方の代わりに所得税の準確定申告を行う必要があります。

所得税の準確定申告について

通常は1月1日から死亡日までの所得について、亡くなった年分の所得税の申告を行います。3月15日までに亡くなり、前年分の確定申告をしていない場合は、前年分の申告も必要です。期限はどちらも相続の開始があったことを知った日の翌日から4か月以内です。通常の確定申告とは期限が異なりますので注意しましょう。申告書類や記載の方法は、通常の確定申告とほぼ同じです。

・確定申告をする必要がある人
　……事業所得や不動産所得がある人、不動産の譲渡所得がある人等
・確定申告をすれば税金が戻る人
　……医療費控除、生命保険料控除、寄附金控除などを受けられる人等

●準確定申告書の提出をするために

提出書類	確定申告書第1表、第2表、付表
提出するところ	亡くなった方の納税地（住所地）の所轄税務署
提出期限	相続の開始があったことを知った日の翌日から4か月以内
提出する人	相続人
必要になるもの	年金や給与の源泉徴収票、医療費の領収書等

● 所得税の準確定申告書（第1表）

ここに「準」と書き入れます。

「被相続人」と書いた後ろに、亡くなった方の名前を入れます。

3 少し落ち着いてから行う届け出と手続きについて

● 所得税の準確定申告書（第2表）

平成 27 年分の所得税及び復興特別所得税の準確定申告書A

住所　千代田区平河町2-16-1
フリガナ　ハラダ　ユウジ
氏名　被相続人　原田有二

○ 所得の内訳（所得税及び復興特別所得税の源泉徴収税額）

所得の種類	種目・所得の生ずる場所又は給与などの支払者の氏名・名称	収入金額	所得税及び復興特別所得税の源泉徴収税額
給与	プレジデント産業	2115560	67100

源泉徴収税額の合計額　67100

> 給与や年金は、源泉徴収票を見てここに記入します。

○ 雑所得（公的年金等以外）・配当所得・一時所得に関する事項

所得の種類	種目・所得の生ずる場所	収入金額	必要経費等

○ 所得から差し引かれる金額に関する事項

⑥社会保険料控除	社会保険の種類	支払保険料
	源泉徴収票の通り	308936
	国民健康保険	161524
	国民年金	93540
	合計	564000

⑦小規模企業共済等掛金控除	掛金の種類	支払掛金
	合計	

⑧生命保険料控除	新生命保険料の計		生命保険料の計	120000
	新個人年金保険料の計			
	介護医療保険料の計			

> 健康保険料や年金保険料をここに記入します。

⑨地震保険料控除

⑩本人該当事項　□寡婦（寡　　　□死別　□生死不明　□離婚　□未帰還　　学校名

⑪障害者控除　氏名

⑫⑭配偶者の氏名　生年月日　明・大　昭・平　　□配偶者控除　□配偶者特別控除

⑬控除対象扶養親族の氏名　続柄　生年月日　控除額
明・大　昭・平
明・大　昭・平
明・大　昭・平

⑭扶養控除額の合計

○ 住民税に関する事項

16歳未満の扶養親族	扶養親族の氏名	続柄	生年月日	別居の場合の住所
			平	
			平	
			平	

給与・公的年金等に係る所得以外（平成28年4月1日において65歳未満の方は給与所得以外）の所得に係る住民税の徴収方法の選択　○給与から差引き　○自分で納付

配当に関する住民税の特例
非居住者の特例
配当割額控除額

寄附金税額控除　都道府県、市区町村　住所地の共同募金会、日赤支部等　条例指定分　都道府県　市区町村

別居の控除対象配偶者・控除対象扶養親族の氏名・住所　氏名　住所

⑰雑損控除　損害の原因　損害年月日　損害を受けた資産の種類など
損害金額　保険金などで補填される金額　差引損失額のうち災害関連支出の金額

⑱医療費控除　支払医療費　保険金などで補填される金額

⑲寄附金控除　寄附先の所在地・名称　寄附金

○特例適用条文等

●所得税の確定申告書付表

死亡した者の平成 27 年分の所得税及び復興特別所得税の確定申告書付表
(兼相続人の代表者指定届出書)

> 申告書第1表の「還付される税金」の額を転記します。

1	死亡した者の住所・氏名等						
	住所 (〒102-0093) 千代田区平河町2-16-1		氏名 フリガナ ハラダ ユウジ 原田有二			死亡年月日	平成27年12月3日
2	死亡した者の納める税金又は還付される税金						△51,581 円…A
3	相続人等の代表者の指定			代表者の氏名			
4	限定承認の有無						限定承認

5 相続人等に関する事項		(1) 住所	(〒102-0093) 千代田区平河町2-16-1	(〒102-0093) 千代田区平河町2-16-1	(〒102-0093) 千代田区平河町2-16-1	(〒 -)
		(2) 氏名	フリガナ ハラダ タクコ 原田拓子 ㊞	フリガナ ハラダ マリ 原田真理 ㊞	フリガナ ハラダ ナオ 原田 直 ㊞	フリガナ ㊞
		(3) 個人番号				
		(4) 職業及び被相続人との続柄	職業 会社員 続柄 妻	職業 会社員 続柄 子	職業 会社員 続柄 子	職業 続柄
		(5) 生年月日	明·大·昭·平 38年9月20日	明·大·昭·平 元年3月10日	明·大·昭·平 2年6月1日	明·大·昭·平 年月日
		(6) 電話番号	01-2345-6789	-	-	-
		(7) 相続分…B	法定·指定 1/2	法定·指定 1/4	法定·指定 1/4	
		(8) 相続財産の価額	35000000円	17500000円	17500000円	円

> 法定相続分や遺言書で指定された割合等を記入します。

6 納める税金等	各人の納付税額 A×B (各人の100円未満の端数切捨て)	00円	00円	00円	円
	各人の還付金額 (各人の1円未満の端数切捨て)	25790円	12895円	12895円	円

7 還付される税金の受取場所	振込みを希望する銀行等の預金口座に	銀行名等	○○ 銀行·金庫·組合 農協·漁協	○○ 銀行·金庫·組合 農協·漁協	○○ 銀行·金庫·組合 農協·漁協	銀行·金庫·組合 農協·漁協
		支店名等	○○ 本店·支店 出張所 本所·支所	○○ 本店·支店 出張所 本所·支所	○○ 本店·支店 出張所 本所·支所	本店·支店 出張所 本所·支所
		預金の種類	○○ 預金	○○ 預金	○○ 預金	預金
		口座番号	1234567	7654321	321567	
	ゆうちょ銀行の貯金口座に	貯金口座の記号番号	-	-	-	
	郵便局等の窓口受取を希望する場合	郵便局名等				

(注) 「5 相続人等に関する事項」以降については、相続を放棄した人は記入の必要はありません。

税務署整理欄	整理番号	0		0		0		0		一連番号
	番号確認 身元確認									

3 少し落ち着いてから行う届け出と手続きについて

(平成二十八年分以降用)

○この付表は、申告書と一緒に

4 葬祭費・埋葬料の申請をしましょう

葬祭費・埋葬費は葬儀の日の翌日から2年以内、**埋葬料は亡くなった日の翌日から2年以内** 亡くなった方が国民健康保険もしくは後期高齢者医療制度に加入していた場合は葬祭費が、会社員等で健康保険に加入していた場合は埋葬料（または埋葬費）が支給されます。

国民健康保険（自営等）・後期高齢者医療制度に加入していた方

　喪主等に対して、葬祭費が支給されます。金額は3万〜5万円程度です。故人の住んでいた場所や加入していた制度によって異なります。市区町村によっては別の給付が受けられる場合もあるので、窓口で確認してみるといいでしょう。

　葬祭費は亡くなられたことに対して支払われるのではなく、行われた葬儀に対して支払われます。このため、葬儀費用の領収書等を、申請するまで保管しておきましょう。

●葬祭費の申請について

提出するところ	亡くなった人が住んでいた市区町村役場
提出できる人	葬儀を行った喪主等
必要になるもの	葬儀にかかった費用の領収書、印鑑等
手数料	不要
期限	葬儀を執り行った日の翌日から2年

会社員等で健康保険に加入していた方

　埋葬を行った方に、埋葬料として定額で5万円が支給されます。埋葬料の申請ができる人（埋葬料支給の対象者）がいないときは、実際に埋葬を行った人に対して埋葬費が支給されます。亡くなった方が退職していた場合でも、退職後3か月以内であれば請求することが可能です。

　埋葬費の金額は、埋葬料（5万円）の範囲内で、実際に埋葬にかかった費用に支払われます（霊柩車代、火葬料、葬壇一式料等）。

　なお、被保険者の家族（被扶養者）が亡くなった場合については、家族埋葬料として5万円が被保険者に支給されます。

　加入していた健康保険の資格喪失手続きをするときに、あわせて手続きを済ませるとスムーズです。

⇨ **P30　健康保険の資格喪失の手続き**

●埋葬料の申請について

提出するところ	亡くなった人の勤務先の管轄協会けんぽ（年金事務所）もしくは健康保険組合
提出できる人	生計を維持されていて埋葬を行った人（該当者がいない場合は埋葬を行った人）
必要になるもの	埋葬にかかった領収書、印鑑等
期限	埋葬料：死亡した日の翌日から2年 埋葬費：埋葬を行った日の翌日から2年
気をつける点	会社が手続きを行う場合もあるため確認をしましょう

● 健康保険被保険者(家族)埋葬料(費)支給申請書

記号、番号は、健康保険証の記載内容を書き入れます。

被保険者(亡くなった方)の生年月日です。

健康保険 被保険者/家族 埋葬料(費)支給申請書

(被保険者(申請者)・事業主記入用) 2ページ

被保険者氏名 川越 新太郎

申請内容

死亡年月日	死亡原因	第三者の行為によるものですか
死亡した方の 平成 28 年 2 月 15 日	急性心不全	□はい ☑いいえ（「はい」の場合は「第三者の行為による傷病届」を提出してください。）

●家族(被扶養者)が死亡したための申請であるとき

| ご家族の氏名 | 川越 新太郎 | 生年月日 | □昭和 □平成　年　月　日 | 被保険者との続柄 | |

亡くなられた家族は、退職等により健康保険の資格喪失後に被扶養者の認定を受けた方で、今回の請求は次に該当することによる請求ですか。
① 資格喪失後、3か月以内に亡くなられたとき
② 資格喪失後、傷病手当金や出産手当金を引き続き受給中に亡くなられたとき
③ 資格喪失後、②の受給終了後、3か月以内に亡くなられたとき

　　1.はい　　2.いいえ

「はい」の場合、家族が被扶養者認定前に加入していた健康保険の保険者名と記号・番号をご記入ください。

保険者名

記号・番号

●被保険者が死亡したための申請であるとき

| 被保険者の氏名 | 川越 新太郎 | 被保険者からみた申請者との身分関係 | | 埋葬した年月日 | 平成 28 年 2 月 15 日 |

| 埋葬に要した費用の額 | 円 | 法第3条第2項被保険者として支給を受けた時はその金額(調整減額) | 円 |

亡くなられた方は、退職等により全国健康保険協会管掌健康保険の被保険者資格の喪失後に家族の被扶養者となった方で、今回の請求は次に該当することによる請求ですか。
① 資格喪失後、3か月以内に亡くなられたとき
② 資格喪失後、傷病手当金や出産手当金を引き続き受給中に亡くなられたとき
③ 資格喪失後、②の受給終了後、3か月以内に亡くなられたとき

　　1.はい　　2.いいえ

「はい」の場合、資格喪失後に家族の被扶養者として加入していた健康保険の保険者名と記号・番号をご記入ください。

保険者名

記号・番号

●介護保険法のサービスを受けていたとき

| 保険者番号 | | 被保険者番号 | | 保険者名称 | |

事業主証明欄

氏名	被保険者・被扶養者の別	死亡年月日
死亡した方の 川越 新太郎	㊙被保険者／被扶養者	平成 28 年 2 月 15 日死亡

上記のとおり相違ないことを証明する　　平成 28 年 4 月 5 日

事業所所在地　東京都新宿区新宿一丁目1-1
事業所名称　　株式会社 七尾物産
事業主氏名　　鈴木 剛　　㊞株式会社七尾物産　TEL 09(8765)4321

様式番号 6 3 1 2 1 1

全国健康保険協会　協会けんぽ

2/2

3 少し落ち着いてから行う届け出と手続きについて

5 高額療養費の申請をするときに

診察を受けた月の翌月〜2年以内　高額療養費とは、国民健康保険、後期高齢者医療制度、健康保険に加入している人が、払い戻しを請求することができる制度です。具体的には、病院や薬局の窓口で支払った額が、暦月（1日から月末まで）で一定の金額を超えた場合に、その超えた分について、本人が亡くなった後に請求することもできます。ただし、健康保険が使えない治療や投薬を受けた場合は対象にはなりません。

高額療養費の計算方法について

　自己負担額となる毎月の負担の上限額は、加入者の年齢（70歳以上または70歳未満）や所得により異なります。P75とP76の自己負担額の計算例を参考にしてください。複数の医療機関での受診や、同じ世帯にいる家族の自己負担額を1か月単位で合算（70歳未満の方の受診については、21,000円以上の自己負担のみ合算）して申請できる「世帯合算」、同世帯で直近12か月に4回以上自己負担額を超えた場合は、4回目からはさらに自己負担が軽減される「多数回該当」という制度もあります。

●高額療養費の請求について

	国民健康保険の場合	健康保険（サラリーマン）の場合
提出するところ	住んでいるの市区町村の担当窓口	協会けんぽまたは健康保険組合
提出書類	高額療養費支給申請書	
必要になるもの	病院に支払った領収書・故人との続柄がわかる戸籍謄本等※	

※市区町村または健康保険（組合）によって他の添付書類が必要な場合があります。

メモ 相続放棄と高額療養費の返還の兼ね合い

　亡くなった方が世帯主で、多くの借金をしていたとします。財産よりも借金のほうが多く、相続はしたくないという場合、相続放棄という手続きをすることになります。相続放棄は、亡くなった方の最後の住所地の家庭裁判所に、相続開始を知ったときから3か月以内に行う必要があります。

　相続放棄をするより前に高額療養費の返還請求をしてしまうと、相続放棄が認められない可能性が出てきます。死亡した世帯主が受け取るものであった高額療養費を受け取ってしまうと、単純承認という状態になり、相続放棄ができなくなる可能性があるからです。

　また、病院に入院する際に、家族が入院費用の支払いについて連帯保証をしていることもあります。入院費用等の不払いを防ぐために連帯保証人のサインをさせて、相続放棄とは無関係の状態にします。

　このような場合、相続放棄をしても亡くなった方の財産とは関係がなく連帯保証人になった家族が高額医療費を支払う義務があります。亡くなった方が経営者や事業主で債務があることがわかっている人については、まず弁護士に相談することをお勧めします。

● 高額療養費自己負担額の限度額（70歳未満の場合）

所得区分	1か月の負担の上限額
①標準報酬月額83万円以上	252,600円＋（総医療費－842,000円）×1%
②標準報酬月額53万～79万円	167,400円＋（総医療費－558,000円）×1%
③標準報酬月額28万～50万円	80,100円＋（総医療費－267,000円）×1%
④標準報酬月額26万円以下	57,600円
⑤住民税非課税者または生活保護世帯	35,400円

●高額療養費自己負担額の限度額（70歳以上の場合）

所得区分	1か月の負担の上限額	
	外来（個人ごと）	
①現役並み所得者	44,400円	80,100円＋（医療費の総額－267,000円）×1%
② 一般	12,000円	44,400円
③低所得者Ⅱ	8,000円	24,600円
④低所得者Ⅰ	8,000円	15,000円

①現役並み所得とは標準報酬月額28万円以上、③低所得者Ⅱとは被保険者が市区町村民税の非課税者等である場合、④低所得者Ⅰとは、被保険者とその扶養家族全ての方の収入から必要経費・控除額を除いた後の所得がない場合です。
※後期高齢者医療制度対象者（75歳以上〈到達月除く〉）は対象になりません。

●高額療養費支給申請書の記入

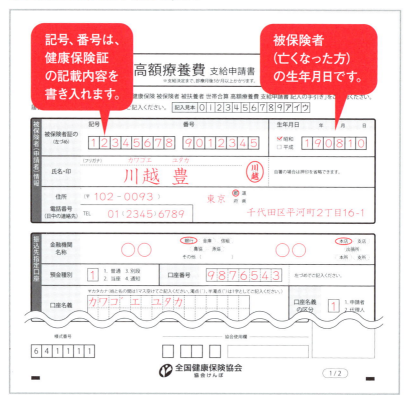

> 月（1日から末日）を単位として記入します。月をまたいだり、複数月を記入しての申請はできません。

健康保険 被保険者 被扶養者 世帯合算 高額療養費 支給申請書

※支給決定まで、診療月後3か月以上かかります。

ページ 1 **2**
被保険者（申請者）記入用

被保険者氏名 川越 新太郎

申請内容

① 診療月 平成 28 年 1 月

［左記の診療月について、受診者ごと（医療機関、薬局、入院・通院別等）にご記入ください。］

② 受診者	1 1.被保険者 2.家族（被扶養者）	1.被保険者 2.家族（被扶養者）	1.被保険者 2.家族（被扶養者）
家族の場合は その方の 氏名			
生年月日	□昭和 □平成 年 月 日	□昭和 □平成 年 月 日	□昭和 □平成 年 月 日
③ 療養を受けた 医療機関・薬局の 名称	△△総合病院		
所在地	○○○○○○○		
④ 傷病名 ケガ（負傷）の場合は 負傷原因書を併せて ご提出ください。	気管支炎		
療養を受けた期間	（平成）28 年 10 月 7 日 から 26 まで	（平成）年 月 日 から まで	（平成）年 月 日 から まで
入院通院の別	1 1.入院 2.通院・その他	1.入院 2.通院・その他	1.入院 2.通院・その他
⑤ 支払った額のうち、保険診療分の金額（自己負担額） 自己負担額が不明の場合は支払った総額	円 円	円 円	円 円
⑥ 他の公的制度から、医療費の助成を受けていますか	2 1.はい 2.いいえ	1.はい 2.いいえ	1.はい 2.いいえ
はいの場合 助成を受けた制度の名称			
自己負担分の助成の内容	1.全額助成 2.一部自己負担あり	1.全額助成 2.一部自己負担あり	1.全額助成 2.一部自己負担あり

※一部自己負担ありの場合、領収書の添付が必要になります。

①の診療月以前1年間に、高額療養費に該当する月が3月以上ある場合、直近3か月分の診療月をご記入ください。

⑦ 診療月 1 平成 27 年 10 月 　2 平成 27 年 11 月 　3 平成 年 月

被保険者本人が市区町村民税非課税者の場合は、この欄に市区町村長より証明を受けるか、「（非）課税証明書」の交付を受け原本を添付してください。
（4月から7月診療分については、前年度の課税に関する証明を、8月から翌年3月診療分については当年度の課税に関する証明を受けてください。）

| 市区町村長が証明する欄 | 当該被保険者は平成　　年度の市区町村民税が課されないことを証明する。 | 市区町村長名 | 印 |

様式番号 6 4 1 2 1 0

全国健康保険協会 協会けんぽ

2/2

3 少し落ち着いてから行う届け出と手続きについて

6 亡くなった人の事業を引き継ぐときに

原則として4か月以内 亡くなった人から、店舗経営やアパート経営等の事業を引き継ぐと、所得税の確定申告をする義務が発生します。事業所得・不動産所得については、税務署に青色申告承認申請書を提出し、要件に沿った帳簿に基づき申告を行えば、特典が受けられます。

青色申告と白色申告の違いとは

　所得税の申告には青色申告と白色申告の2種類があります。青色申告は貸借対照表等の決算書を作成し、より細かなルールに基づいた帳簿を備え付ける義務があるため、税金面で有利になっています。

青色申告の主な特典とは

- 青色申告特別控除という特別な経費が認められる。
　帳簿の種類等によって最高10万円または最高65万円。
- 家族へ払った給与が経費になる（ただし事前の届け出が必要）。
- 赤字を3年間繰り越すことができる。

●青色申告承認申請書の提出について

提出書類	青色申告承認申請書		
提出するところ	相続人の納税地（住所地）の所轄税務署		
提出期限	死亡の日	1月1日〜8月31日	死亡の日から4か月以内
		9月1日〜10月31日	その年の12月31日まで
		11月1日〜12月31日	翌年の2月15日まで

●所得税の青色申告承認申請書

> 事業を引き継ぐ人の氏名などを記入します。

```
                                                        1 0 9 0
税務署受付印           所得税の青色申告承認申請書

                    納税地   (住所地)・居所地・事業所等（該当するものを○で囲んでください。）
  千代田 税務署長              (〒102-00○3)
                              東京都千代田区平河町一丁目1-1
                                              (TEL 09-8765-4321 )
  28年 5月 25日提出    上記以外の   納税地以外に住所地・事業所等がある場合は記載します。
                    住所地・   (〒  －  )
                    事業所等
                                              (TEL  －  －  )
                    フリガナ    ニシダ  コウジ        生年 大正
                    氏  名    西田 広二   ㊞       月日 昭和 39年 7月 17日生
                                                    平成
                    職  業    会社員          フリガナ
                                         屋 号
```

平成 28 年分以後の所得税の申告は、青色申告書によりたいので申請します。

1. 事業所又は所得の基因となる資産の名称及びその所在地（事業所又は資産の異なるごとに記載します。）
   名称 ○○マンション   所在地 東京都千代田区平河町二丁目2-2
   名称 ＿＿＿＿＿＿＿   所在地 ＿＿＿＿＿＿＿＿＿＿＿＿
2. 所得の種類（該当する事項を○で囲んでください。）
   事業所得 ・ (不動産所得) ・ 山林所得
3. いままでに青色申告承認の取消しを受けたこと又は取りやめをしたことの有無
   (1) 有（取消し・取りやめ） ＿＿年＿＿月＿＿日 (2) (無)
4. 本年1月16日以後新たに業務を開始した場合、その開始した年月日 28年 4月 15日
5. 相続による事業承継の有無
   (1) (有) 相続開始年月日 28年 4月 14日 被相続人の氏名 西田 薫 (2) 無
6. その他参考事項
   (1) 簿記方式（青色申告のための簿記の方法のうち、該当するものを○で囲んでください。）
       (複式簿記)・簡易簿記・その他（   ）
   (2) 備付帳簿名（青色申告のため備付ける帳簿名を○で囲んでください。）
       (現金出納帳)・売掛帳・買掛帳・経費帳・(固定資産台帳)・預金出納帳・手形記入帳
       債権債務記入帳・(総勘定元帳)・仕訳帳・入金伝票・出金伝票・振替伝票・現金式簡易帳簿・その他
   (3) その他

> 申告時に備付ける帳簿に○印をつけます。

```
関与税理士        税整 整理番号 関係部門  A   B   C   D   E
                        連絡
                                      通信日付印の年月日  確認印
                                          年  月  日
```

7 婚姻前の名字に戻すときに

期限は特になし 配偶者が亡くなったときに、現在の名字をそのままにするか婚姻前の名字に戻すかについては、自由に決めることができます。婚姻によって改姓した人が旧姓に戻したい場合は、市区町村役場に復氏届を提出して戻すことになります。なお、旧姓に戻すにあたり、亡くなった配偶者の両親等の同意は必要ありません。

配偶者と子で手続きが変わります

　子がいる場合は、復氏届により旧姓に戻るのは本人のみなので、子がいる場合、子はそのまま戸籍に残り、名字は変更されません。

　子も名字を変更して、旧姓に戻った親の戸籍に入れる場合、家庭裁判所に子の氏の変更許可申立書を提出します。審判を受けた後に入籍届を提出して、戸籍を移します。

●復氏届の提出について

提出するところ	残された配偶者の本籍地または住所地の市区町村役場
必要になるもの	復氏届、戸籍謄本（本籍地に届け出る場合は不要）、結婚前の戸籍に戻るときは婚姻前の戸籍謄本、印鑑等
提出期限	死亡届の提出後であればいつでも届け出は可能

●子の氏の変更許可申立について

提出するところ	子の住所地の家庭裁判所
申立人	子（子が15歳未満のときは子の法定代理人）
申立費用	子一人につき800円の収入印紙、連絡用の郵便切手
必要になるもの	申立書、子の戸籍謄本、父母の戸籍謄本等

●復氏届の記入

受理 平成 年 月 日 第 号	発送 平成 年 月 日 第 号

復　氏　届

平成 **28** 年 **3** 月 **30** 日届出　　　　　　　　　埼玉県春日部市長 印
※届出日を記入してください。
埼玉県春日部市長　殿

> 現在の氏名を記入します。

（よみかた） 復氏する人の氏名	（きのした） 氏 **木下**	（えみ） 名 **恵美**	大正 **昭和** 平成 **43** 年 **10** 月 **10** 日生

住　所 （住民登録をしているところ）	埼玉県春日部市中央 6 （方書・マンション名） **丁目 2 番地** 番　号
（よみかた） 世帯主の氏名	（きのした　えみ） **木下　恵美**

本　籍	埼玉県春日部市金崎1　**丁目** 番地 **1** 番
筆頭者の氏名	**木下　敬治**

（よみかた） 復する氏父母の氏名父母との続き柄	（かじやま） 氏 **梶山**	父 **梶山　正** 母 **道子**	続き柄 □男 ☑女 長

復氏した後の本　籍	☑もとの戸籍にもどる　□新しい戸籍をつくる 埼玉県春日部市中央6　**丁目 2 番地**	筆頭者の氏名 （かじやま　ただし） **梶山正**

平成 **28** 年 **2** 月 **7** 日 死亡

> 復氏する氏（婚姻前の氏）をここに記入します。

> 復氏する元の父母の氏名を記入します（父母が現在、婚姻しているときは、母の氏は記入しません）。

そ の 他

届出人署名押印	**木下　恵美** ㊞

※持参するもの　印鑑
※本籍地以外に提出する場合は戸籍全部事項証明書（戸籍謄本）を添付してください。
※婚姻関係を終了するには、姻族関係終了届の提出が必要です。

連絡先　電話　**048（765）4321**
　　　　自宅・携帯・勤務先・呼出

> 署名は復氏する前の氏（現在の氏）で行います。

※書式や記入内容は市区町村によって異なります。

3 少し落ち着いてから行う届け出と手続きについて

●入籍届の記入（15歳未満の子について、家庭裁判所の許可を得て父の戸籍から母の戸籍へ入籍する）

入籍届

平成28年1月8日届出

(1) 入籍する人の氏名（変更前の氏名）
- 氏：中田　名：達也
- よみかた：なかた　たつや
- 平成22年4月5日生

(2) 住所（住民登録をしているところ）
- 札幌市手稲区前田1条11丁目1番地2号
- 世帯主の氏名：藤沢　順子

(3) 本籍（変更前の本籍）
- 東京都世田谷区若林1丁目1番地
- 筆頭者の氏名：中田　羽一郎

(4) 入籍事由
- ☑母の氏を称する入籍

新旧の本籍が届け出する市区町村でない場合、戸籍謄本が必要となります。

- 札幌市手稲区前田1条11丁目1番地
- 筆頭者の氏名：藤沢　順子（ふじさわ　じゅんこ）
- 父：藤沢　順子
- 続き柄：長　☑男

実の父母と現在の氏名と、その続柄を記入します。

資格：親権者　☑母

住所：(2)と同じ

本籍：札幌市手稲区曙2条1丁目1番地　筆頭者の氏名：藤沢　大

署名押印：藤沢　順子（藤沢印）

生年月日：平成5年4月10日

日中連絡のとれるところ
電話(098)765-4321
自宅・勤務先　呼出（　方）

※入籍届の様式は市区町村によって異なります。

8 配偶者が亡くなって姻族関係を終了するときに

期限は特になし 夫婦のどちらか一方が亡くなった場合、残された配偶者は姻族関係を終了することができます。亡くなった後、婚姻関係は解消となっているものの、配偶者の親族との姻族関係はそのまま継続されます。残された方は、姻族関係終了届により、亡くなった方の親族との姻族関係を終了させ、法的な縁を切ることができます。

配偶者の親族の扶養義務等はどうなる？

姻族関係終了届には配偶者の親族の同意は必要ありません。姻族関係が終了することで、亡くなった配偶者の親族の扶養義務等はなくなります。

姻族関係終了届は、本籍地あるいは住んでいる市区町村役場に提出します。この手続きができるのは残された配偶者のみで、亡くなった配偶者の親族側から、この届け出を提出することはできません。

子と、亡くなった配偶者の親族との関係は姻族関係を終了しても、そのまま継続します。

●姻族関係終了届の提出について

提出するところ	届出人の本籍地、住所地等の市区町村役場
届け出ができる人	残された配偶者
必要になるもの	亡くなった配偶者の死亡事項の記載がある戸籍（除籍）謄本、印鑑等

●姻族関係終了届の記入

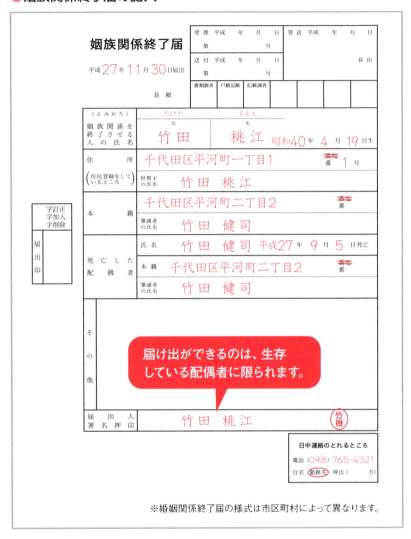

メモ 復氏届と姻族関係終了届について

　姻族関係終了届によって姻族関係が終了しても、戸籍には変動はありません。旧姓に戻したい場合には、別途、復氏届の提出が必要となります。子の氏の変更許可申立書は、家庭裁判所に提出します。

第4章

遺産相続の手続きについて

　大切な家族や親族が亡くなった後、亡くなった方が残した財産を引き継ぐ遺産の相続が始まります。相続の手続きには、いつまでに手続きを済ませなければならないというものがあります。亡くなられてから3か月以内、4か月以内、10か月以内という、それぞれの期限を過ぎてしまうとできなくなってしまうものもあります。相続の基本や、全体の流れを把握することで、相続を円滑に進められるよう、確認しましょう。

相続の基本的な流れと遺産を分割する手続きで必要なこと

　遺産相続の手続きは、亡くなった方の残した財産を引き継ぐ手続きです。生活をともにしていた家族だけでなく、親族なども関わる可能性があります。遺言は残されているのか、相続財産の内容等によって手続きが変わってきます。亡くなった方の財産は、家族であっても調べにくいこともありますが、ここでひとつずつ手続きを確認していきましょう。

遺産相続の手続きで特に注意したいもの

↓ 忘れないようにチェックしてみましょう

確認すること・行うこと	期限	解説ページ
誰が相続人になるのか	なるべくすみやかに	P85、P89
遺言があるか探す	なるべくすみやかに	P87
遺言の検認	遺言を発見したら、すみやかに	P93
相続手続きが必要な財産を探す	なるべくすみやかに	P100
相続を放棄するか判断する	相続財産が把握できたら、すみやかに	P102、P103
遺産分割協議	なるべくすみやかに	P107、P109
相続税の申告・納付	原則10か月以内	P144〜

1 相続できる人（相続人）には誰がなるのか？

亡くなられて、すみやかに　人が亡くなって遺産があるときに、相続人がその財産を相続します。相続が発生したときに相続人となる人と、相続人のうち誰がどれくらい相続するかという割合（法定相続分）は法律で決められていて、亡くなった方（被相続人）とその家族構成によって変わってきます。相続人は戸籍上の続き柄で決まるため、事実婚の場合や、認知されていない子も相続人にはなれません。

配偶者は常に相続人になります。

　配偶者がいる場合は、以下の各順位の者と一緒に常に相続人となります。

第1順位　子（子が既に亡くなっている場合は孫。孫も既に亡くなっている場合は曾孫）

　養子も実子と同じ相続分となります。

第2順位　直系尊属（父母。父母が既に亡くなっている場合は祖父母等）

　子がいない場合は父母、父母が既に亡くなっている場合は祖父母が相続人となります。養親も実親と同じ相続分を有します。

第3順位　兄弟姉妹（兄弟姉妹が既に亡くなっている場合は甥、姪）

　子も直系尊属もいない場合は、兄弟姉妹が相続人となります。半分しか血がつながっていない兄弟姉妹の相続分は、全部血がつながっている兄弟姉妹の2分の1となります。

相続人と法定相続分について

　相続人が複数人いるときは、誰がどれくらい相続するか、割合が法律で定められています（法定相続分）。相続人と法定相続分の割合は以下の通りです。

相続人		法定相続分の割合
配偶者のみ	配偶者	すべて
配偶者と子	配偶者	2分の1
	子	2分の1（複数人のときは原則として等分）
配偶者と両親	配偶者	3分の2
	両親	3分の1（複数人のときは原則として等分）
配偶者と兄弟姉妹	配偶者	4分の3
	兄弟姉妹	4分の1（複数人のときは原則として等分）

※代襲相続人が2人以上いる場合、原則として先に亡くなった相続人の法定相続分を代襲相続人の人数で均等に分けます。

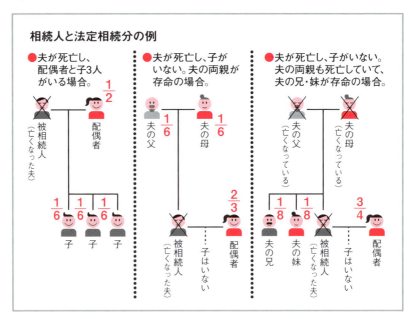

相続人と法定相続分の例

2 遺言について

亡くなられて、すみやかに確認しましょう　亡くなった方が遺言を残していた場合は、原則として遺言の内容に従って相続手続きを進めていくことになります。遺言は相続の手続きに大きな影響を与える重要なものです。

遺言の効果と形式について

　遺言により、相続人の間でも法定相続分とは違う割合で相続をさせたり、相続人以外の者に財産を残したり（遺贈）することが可能になります。また、遺言を実現させる遺言執行者を、遺言によって指定することもできます。

　法律上の効果が認められる遺言には、自筆証書遺言、公正証書遺言等があります。それぞれ法律で定められた要件を満たしていないと、たとえ遺言が残されていても具体的な相続手続きができません。自筆証書遺言には、家庭裁判所で相続人に遺言の内容を知らせ、遺言書の内容を明確にし、偽造や変造を防ぐ検認という手続きが必要になります。

●被相続人に遺言があるかどうか探すには

　遺言が残されているかどうかを知らなかったとしても、遺言が残されているという可能性はゼロではありません。非相続人の自宅だけでなく、入院していた病院、施設等を探してみましょう。貸金庫の契約をしている場合は、貸金庫内に遺言が残されていることもあります。

メモ 自筆証書遺言を貸金庫に入れてしまうと…

　遺言は重要なものだから大切に保管をしなければいけない、と言って貸金庫に保管をする方がいます。本当にそれでよいのでしょうか？

　銀行の貸金庫を開ける手続きは面倒で、すべての相続人の同意が必要となるケースも多いのです。せっかく遺言を書いたのに、貸金庫を開くまでに時間がかかってしまいます。

　また、たとえば「長男にだけ遺産を多く」という主旨の遺言を書いた場合でも、その遺言を見るためには、兄弟全員から同意をもらうための交渉をしなければなりません。そう考えると遺言は貸金庫に預けないほうがよいと言えます。

　どのようにするのがよいかというと、公正証書遺言を作成して、遺言の1通を弁護士や信託銀行等に預けておくのが一番です。

●遺言検索システムについて

　公正証書遺言の形式で遺言を残していた場合は、作成をした公証役場に原本が保管されています。昭和64年1月1日以降に作成された遺言であれば、最寄りの公証役場に出向き、遺言検索を行うことで、遺言があるかどうか確認することができます。

　遺言検索を行う場合には、遺言を残した方が亡くなったことを確認できる除籍謄本と、検索を行う方が相続人であることを確認できる戸籍謄本等がそれぞれ必要になります。また、遺言検索は、遺言を残した方の生存中は本人しか行うことができません。

3 戸籍から正確な相続人を特定するために

亡くなられて、すみやかに　相続の手続きや届け出を行うにあたり、相続関係を証明する戸籍謄本等の提出が必要となることも少なくありません。相続手続きを行う場合には、戸籍によって正確な相続関係を把握する必要があるためです。また、本籍の確認も重要となります。現在では運転免許証の本籍の記載がなくなったことで、すぐに確認をしにくくなっています。ここでは、相続関係を証明する戸籍の集め方について確認しましょう。

●戸籍は亡くなった方の一生分をさかのぼります

　亡くなった方の死亡事項の記載ある戸籍（除籍）謄本だけでは、相続関係を証明するのに十分ではありません。戸籍は婚姻等や法改正により、都度新しくつくられます。その際に、既に抹消された情報は基本的に新しい戸籍に記載されず、相続人全員の確認が難しくなります。そのため、相続関係を証明するためには、亡くなった方の一生でつくられたすべての戸籍をさかのぼって順番に取得する必要があります。兄弟姉妹が相続人となる場合は、両親の戸籍もさかのぼって取得し、両親に兄弟以外子がいないことを証明する必要があります。

●遺言がある場合には

　正式な遺言がある場合は、亡くなった方の死亡事項の記載のある戸籍（除籍）謄本と、相続人（もしくは受遺者）であることの証明のみで足りるケースもあります。ただし、遺言書の検認を行う場合は、基本的には出生までさかのぼった戸籍が必要になります。

●戸籍全部事項証明書(戸籍謄本)の見方について

		全部事項証明書
本　籍 氏　名	東京都千代田区平河町○丁目○番 山口　大輔	
戸籍事項 戸籍改製	【改製日】平成22年11月13日 【改製事由】平成6年法務省令51号附則第2条第1項による改製	
戸籍に記載 されている者	【名】　大輔 【生年月日】昭和40年10月20日　　【配偶者区分】夫 【父】山口○○ 【母】山口○○ 【続柄】長男	
身分事項 　出　生	【出生日】昭和40年○○○○ 【出生地】東京都○○○ 【届出日】昭和40年○○○ 【届出人】父 【送付を受けた日】○○○ 【受理者】東京都○○	
婚　姻	【婚姻日】平成2年11月1日 【配偶者氏名】小山内紀子 【従前戸籍】東京都○○区○○町9番地　　山口○○	
戸籍に記載 されている者	【名】　紀子 【生年月日】昭和41年2月24日　　【配偶者区分】妻 【父】小山内○○ 【母】小山内○○ 【続柄】長女	
身分事項 　出　生	【出生日】昭和41年2月24日 【出生地】東京都○○市 【届出日】昭和41年2月27日 【届出人】父 【送付を受けた日】昭和41年3月4日 【受理者】東京都○○市市長	
婚　姻	【婚姻日】平成2年11月1日 【配偶者氏名】山口大輔 【従前戸籍】東京都○○市○○町2番地　　小山内○○	

東京都○○区
　　これは、戸籍に記録されている事項の全部を証明した書面である。

　　平成28年 4月 3日
　　　　東京都○○区区長　　　　　　　　　　　　　　○○○○　[区長印]

> 【改製日】【改製事由】により、戸籍がつくられた日や、改製された理由を確認できます。改製以前の戸籍は、同じ本籍、同じ筆頭者の改製原戸籍を確認すればいい、ということがわかります。

戸籍謄本を取得するために

戸籍謄本、除籍謄本等は、個人情報保護の観点から法律で請求できる者が制限されています。本人や配偶者、直系尊属、直系卑属以外の者が請求する場合には、取得する理由を明らかにする資料等を提出する必要があります。

●どこに請求するのか？

戸籍謄本等は本籍地の市区町村役場に請求します。請求する者は、免許証等の本人確認書類を提示する必要がありますが、その際に戸籍謄本等を請求可能な者であることを証明する書面の提出を求められることもあります。請求可能な者から委任を受けた場合は、委任状が必要となります。必要な書類をそろえ、手数料とともに窓口に提出します。

戸籍謄本等をたどっていくと、場合によっては遠方の市区町村役場への請求をしなければならないケースも発生します。戸籍謄本等は郵送により請求することも可能です。この場合、手数料は定額小為替を同封したり、現金書留で納付したりできます。

●戸籍謄本の取得方法について

申請できる人	本人・配偶者・直系血族・代理人（委任状が必要）等
取得できる窓口	本籍がある（あった）市区町村役場（郵送でも請求可）
取得に必要な費用	除籍謄本・改製原戸籍謄本　1通750円※ 戸籍謄本　　　　　　　　　1通450円※
必要になるもの （他の書類が必要になる場合あり）	申請書、身分証明書 郵送の場合は定額小為替と返信用封筒（切手） 代理の場合は委任状　等

※発行にかかる費用は市区町村により異なる場合があります。

戸籍をたどるために気をつけること

注意すべきは、その戸籍謄本等がつくられた日（たとえば、対象となる者がその戸籍に載せられた日）とその前の戸籍のありかを確認することです。

窓口で請求する場合は、窓口で「相続手続きで使う」「取得できる戸籍謄本等をすべて請求したい」ことを伝えるといいでしょう。

●戸籍をたどるときの注意点

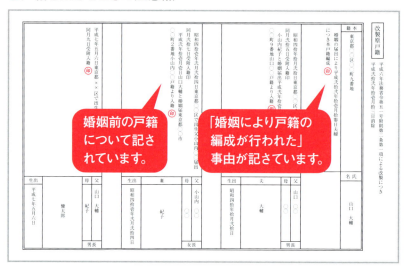

メモ　戸籍を追跡する難しさ

戸籍謄本等をたどる際に、場合によっては明治時代にまでさかのぼって戸籍を取得する必要があるケースもあります。明治以降、自治体の合併は繰り返され、現在地とまったくことなることも少なくありません。

また、時代をさかのぼると戸籍謄本が毛筆で書かれ、あまりの達筆ぶりに読み取ることができないこともよくある話です。追跡が難しい場合は、弁護士や行政書士に依頼することもできるので、対応について相談することをお勧めします。

4 公正証書遺言以外の遺言があった場合の検認手続きについて

遺言を発見したら、すみやかに 遺言のうち、公正証書遺言以外の形式で遺言が残されていた場合は、その遺言を保管していた人や発見した相続人は、家庭裁判所に遺言書を提出し、「検認」の手続きが必要となります。封が閉じられた遺言書が発見された場合には、開封しないで提出します。

検認とは、相続人に対して遺言の存在と内容を知らせ、遺言書の形状や状態、日付、署名等、検認の日現在における遺言書の内容を明確にして、遺言書の偽造・変造を防止する手続きです。

●検認手続きの一般的な流れについて

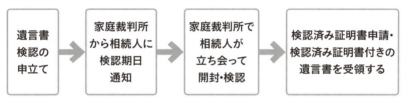

検認が終わると、遺言書に検認済み証明書を添付したものが交付され、この検認済み証明書が、公正証書遺言以外の遺言によって相続の手続きを行うために必要となります。

●遺言書の検認の申立方法について

検認が必要な遺言	公正証書遺言以外の遺言
申立人	遺言書の保管者、遺言書を発見した相続人
申立先	遺言者の最後の住所地の家庭裁判所
必要になるもの	申立書、遺言者との相続関係を証する戸籍（除籍・改製原戸籍）謄本、相続人全員の戸籍謄本等

●遺言書の検認申立書の記入

受付印	家事審判申立書　事件名（ 遺言書の検認 ）

> この欄に800円分の収入印紙を貼ります。貼った印紙に押印しないでください。

（この欄に申立手数料として1件について８００円分の収入印紙を貼ってください。）

収入印紙（400円）　収入印紙（400円）

（注意）登記手数料としての収入印紙を納付する場合は、登記手数料としての収入印紙は貼らずにそのまま提出してください。

予納郵便切手　　　円
予納収入印紙　　　円

準口頭　　関連事件番号　平成　　年（家　　）第　　　　号

○○　家庭裁判所　御中
平成○○年○月○日

申立人（又は法定代理人などの記名押印）： 山田　一郎 ㊞

添付書類

申立人

- 本籍（国籍）：（戸籍の添付が必要とされていない申立ての場合は、記入する必要はありません。）
  ○○都道府県　○○市○○町○丁目○番地
- 住所：〒○○○-○○○○　○○県○○市○○町○丁目○番地○号　電話○○○（○○○）○○○○　（　　方）
- 連絡先：〒　-　　　電話（　）　（　　方）
- フリガナ　ヤマダ　イチロウ
  氏名　山田　一郎　　大正・昭和・平成 ○○年○月○日生（○○歳）
- 職業：会社員

※遺言者

- 本籍（国籍）：（戸籍の添付が必要とされていない申立ての場合は、記入する必要はありません。）
  都道府県
- 最後の住所：〒○○○-○○○○　○○県○○市○○町○丁目○番地○号　電話（　）　（　　方）
- 連絡先：〒　-　　　電話（　）　（　　方）
- フリガナ　ヤマダ　タロウ
  氏名　山田　太郎　　大正・昭和・平成 ○○年○月○日生（○○歳）
- 職業：

（注）太枠の中だけ記入してください。
※の部分は、申立人、法定代理人、成年被後見人となるべき者、不在者、共同相続人、被相続人等の区別を記入してください。

別表第一（1/　）

申　立　て　の　趣　旨
遺言者の自筆証書による遺言書の検認を求めます。

> この欄に遺言書の検認を求めることを記します。

申　立　て　の　理　由
1　申立人は、遺言書から、平成〇〇年〇月〇日に遺言書を預かり、申立人の自宅金庫に保管していました。
2　遺言者は、平成〇〇年〇月〇日に死亡しましたので、封印されている遺言書の検認を求めます。
なお、相続人は別紙の相続人目録の通りです。

> この欄には、遺言書が保管された経緯や、遺言者が亡くなった年月日を記します。
> 相続人の情報は別紙にまとめます。

別表第一（　/　）

	本　籍	都道府県 ○○ ㊥ ○○市○○町○丁目○番地
※ 相続人	住　所	〒○○○-○○○○ ○○県○○市○○町○丁目○番地○号 （　　　　　　　　　　　方）
	フリガナ 氏　名	ヤマダ　ミエ 山田　美恵	大正 ㊐ 平成 ○○年○月○日生 （　　　　　○○歳）

	本　籍	都道府県 ○○ ㊥ ○○市○○町○丁目○番地
※ 相続人	住　所	〒○○○-○○○○ ○○県○○市○○町○丁目○番地○号 （　　　　　　　　　　　方）
	フリガナ 氏　名	ワタナベ　サチコ 渡辺　幸子	大正 ㊐ 平成 ○○年○月○日生 （　　　　　○○歳）

	本　籍	都道府県
※	住　所	〒　－ （　　　　　　　　　　　方）
	フリガナ 氏　名		大正 昭和 平成 年月日生 （　　　　　歳）

	本　籍	都道府県
※	住　所	〒　－ （　　　　　　　　　　　方）
	フリガナ 氏　名		大正 昭和 平成 年月日生 （　　　　　歳）

（注）　太枠の中だけ記入してください。※の部分は，申立人，相手方，法定代理人，不在者，共同相続人，被相続人等の区別を記入してください

5 遺言が残されていた場合、遺留分について確認しましょう

遺言を発見したら、すみやかに 遺言によって、法定相続分とは違う割合で相続人に相続を行ったり、相続人以外の者に遺贈したりすることができます。しかし、兄弟姉妹以外の法律で定められている相続人には、遺言の内容にかかわらず最低限相続できる権利(遺留分)が認められています。

対象となる相続人は、遺留分を侵害している者に対する請求(遺留分減殺請求)によって上記の相続分を確保することができます。

ただし、遺留分減殺請求は、相続開始および減殺すべき贈与または遺贈のあったことを知ったときから1年経過するか、相続開始のときから10年経過すると行うことができなくなります。

なお、この遺留分を請求する権利は放棄することもできます。被相続人の遺言や贈与について納得して、その想いを尊重するのであれば、必ずしも権利を行使する必要はありません。

●遺留分の割合について

相続人	遺留分全体の割合	各相続人の遺留分割合 配偶者	各相続人の遺留分割合 その他の相続人
配偶者のみ	2分の1	2分の1	—
配偶者と子	2分の1	4分の1	4分の1を人数で等分
配偶者と親	2分の1	3分の1	6分の1を人数で等分
配偶者と兄弟姉妹	2分の1	2分の1	なし
子のみ	2分の1	—	2分の1を人数で等分
直系尊属のみ	3分の1	—	3分の1を人数で等分
兄弟姉妹のみ	なし	—	なし

※代襲相続人が2人以上いる場合、原則として先に亡くなった相続人の法定相続分を代襲相続人の人数で均等に分けます。

●遺留分を返すように請求する例

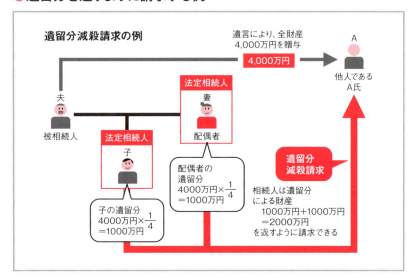

●遺留分減殺請求書の作成例

遺留分減殺請求書

受取人
神奈川県横浜市緑区○○一丁目2番3号
中島 裕　殿

> 遺留分減殺請求書を送ったことを証明できるように、配達証明つきの内容証明郵便で送るのが望ましいです。その場合、内容証明郵便の書式に従って、文字数などを調整します。

　被相続人長谷川健之介は平成27年11月に死亡しましたが、私はその相続人の一人です。
　被相続人は、遺産のすべてを知人である貴殿中島 裕に遺贈する旨の遺言を作成していましたが、上記遺言は私の遺留分を侵害しています。
　長谷川健之介の遺産総額は金4000万円であるところ、長谷川健之介の相続人は、妻である私、長男の長谷川恭一の2名ですので、私の遺留分は、その4分の1にあたる金1000万円となります。
　よって私は貴殿に対し、遺留分減殺請求権を行使して、金1000万円の支払いを求めます。

平成28年3月17日
　　　　　　　　差出人
　　　　　　　　東京都新宿区新宿○○二丁目3番4号
　　　　　　　　被相続人　長谷川健之介　　相続人　長谷川陽子

6 住民票の写し・印鑑証明書が必要になったら

手続き上、必要になったら 相続人の印鑑証明書や住民票の写し、亡くなった方の最後の住所地を証明する住民票（除票）の写しが必要になることがあるので、必要に応じて取得しましょう。

住民票の写しの取得について

住民票の写しは、住所地の市区町村役場に請求します。住民票の写しは、個人情報保護の兼ね合いから取得できる者が制限されています。

申請できる人	本人・同一世帯の者・代理人（要本人の委任状）等
取得できる窓口	住民登録している（していた）市区町村役場（郵送可）
必要になるもの（他の書類が必要になる場合あり）	申請書（窓口にあります）身分証明書 郵送の場合は定額小為替と返信用封筒（切手） 代理の場合は委任状 等

印鑑登録証明書の取得について

印鑑証明書は、住所地の市区町村役場で請求します。印鑑登録を行った際に発行された印鑑登録証（印鑑カード）の提出が必要となります。

印鑑証明書を発行してもらうためには印鑑登録を済ませる必要があるので、印鑑登録を行っていない場合は、まず印鑑登録を行いましょう。印鑑登録された印鑑のことを一般的に実印と呼びます。

申請できる人	本人・代理人（本人の印鑑カードが必要）
取得できる窓口	印鑑登録している市区町村役場（郵送不可）
必要になるもの	申請書（窓口にあります） 印鑑カード（印鑑カードがあれば代理の場合も委任状不要）

7 相続手続きが必要な財産を探すために

亡くなられて、すみやかに 相続手続きを行うにあたって、故人にどのような相続財産があったかを調べることは重要です。相続財産全体を把握しなければ正しく相続手続きを行うことができません。

遺産（相続財産）と考えられるものについて

現金や預貯金、株式等の有価証券、不動産、車等のプラスの財産だけではなく、住宅ローンを含む借入金や、医療費の未払金等マイナスの財産も、相続財産になります。

自宅等を探しましょう（通帳や郵便物も手がかりに）

まず、故人の自宅の金庫や引き出し、仏壇等中心に相続財産の手がかりを探します。カード、権利証、借用証等も、大いに参考となります。貸金庫の契約をしている可能性があれば、貸金庫内に大切な書類が残っているかもしれません。貸金庫を契約者以外の者が開ける場合には、戸籍謄本等の提出が求められます。

金融機関の通帳があれば、預貯金の存在を確認できますが、それ以外にも、その通帳に記載された引き落としや入金、振り込み等の取引明細から金融商品の所有の有無や、負債の存在を発見できることもあります。

また、金融機関や証券会社と取引があった場合や、生命保険等の契約をしている場合は、何らかの郵便物が届いている可能性があります。

同居していない親族の郵便物などを調べていく場合、転送届を出しておくと便利です。

照会の方法について

●不動産を照会するために……登記事項証明書、名寄帳、等関連資料を取得・閲覧してみる

郵送で届いている固定資産税納税通知書、登記済み権利証・登記識別情報通知、購入当時の売買契約書等から、不動産の地番や家屋番号を調べ、法務局で不動産の登記事項証明書を取得し不動産の権利関係を確認することができます。名寄帳を閲覧することで、原則として同一市区町村内にある故人所有の不動産を確認することができるので、取得してみましょう。

●不動産登記事項証明書の取得について

取得できる場所	法務局（原則として全国どこでも取得できる）
取得できる人	誰でも取得できる
提出書類	請求書
手数料	1通600円（窓口請求・郵送請求）

●名寄帳の閲覧方法について

閲覧できる場所	市区町村役場
閲覧できる人	所有者、相続人等
提出書類	申請書、本人との関係を証する資料、身分証明書 等
手数料	市区町村により異なる

●その他の財産を照会するために……直接、関係各所へ問い合わせてみる

金融機関や証券会社、保険会社との取引をしていた可能性がある場合は、直接連絡をして、取引の詳細を確認していきましょう。

8 相続財産を相続するか放棄するか判断するために

相続財産が把握できたら、すみやかに 相続財産が確定したら、全体を財産と負債を含め、一度整理をしてみましょう。相続財産の額や負債の内容によって、取るべき手続きが変わってきます。

相続するのがいいのか、放棄するのがいいのか

相続財産が少なく、負債のほうが大きい場合は、相続放棄の手続きを検討するのが現実的です。相続放棄をすると相続人にならなかったものとみなされます。

相続放棄を行うと相続財産を受け取る権利を失うので慎重に判断する必要があります。相続財産があっても一切相続するつもりがない場合も相続放棄の手続きを行います。

また、相続放棄には期限が定められています。定められた期限を過ぎてしまうと相続放棄はできなくなるため、注意が必要です。

相続税の申告が必要かどうか

相続財産が一定の金額を超える場合等は、税務署への相続税の申告が必要になります。

相続税申告には期限が定められています。定められた期限を過ぎると、延滞税等のペナルティーが課せられてしまいます。

期限の定めがあるため、逆算して相続財産の調査、相続人の調査をすみやかに済ませておく必要があります。

9 借金を相続しないで相続放棄をする

自分に相続の開始があったことを知ったときから3か月以内 相続人は、財産だけでなく、マイナスの財産（負債）も相続することになります。預貯金や不動産等のプラスの財産がほとんどなくて、多額の借金だけが残ってしまうような場合には、相続人に相続放棄が認められています。相続放棄をすることで、その人は最初から相続人ではなかったとみなされます。

相続放棄をするとどうなるのか

　相続放棄すると、その相続に関しては、初めから相続人とならなかったものとみなされます。このため、相続財産を一切相続しないことになります。また、たとえ相続放棄をした者に子が存在したとしても、代襲相続は発生しません。

　相続放棄をしようとする場合、自己のために相続の開始があったことを知ったときから3か月以内にその旨を家庭裁判所に申述しなければなりません。財産の調査が終わらない等の理由がある場合、期間を延長することはできますが、その場合も3カ月以内に家庭裁判所に申立てする必要があります。相続放棄の申述は、被相続人の最後の住所地の家庭裁判所に行います。相続人が未成年者や成年被後見人等の場合、原則としてその者の法定代理人が、相続放棄の手続きを代理して行います。

先順位の相続人、全員が相続放棄をすると

　先順位の相続人が全員相続放棄をした場合、次の順位の者が相続人になります。次の順位の者も相続放棄をしたい場合、同じように家庭裁判所に対して相続放棄の申述を行うことで、初めから相続人にならなかったものとみなされます。次の順位の者も相続放棄をするには、定められた期限内に手続きを行う必要があります。

● **相続放棄の申述方法について**

申述人	相続人
申述期間	自己のために相続の開始があったことを知ったときから3か月以内
申述先	被相続人の最後の住所地の家庭裁判所
必要になるもの	申述書、被相続人の住民票の除票または戸籍の附票、申述人の戸籍謄本、被相続人との相続関係を証する戸籍・除籍・改製原戸籍謄本 等

メモ　単純承認・限定承認とは

　相続人には、相続をするかしないかの選択権があります。このうち, 何らの留保もつけずに相続をするというのが単純承認です。単純承認をすると、相続人は、被相続人の一切の権利義務を承継することになるので、資産だけでなく、負債もすべて受け継ぐことになります。単純承認には特別な手段は必要がなく、相続開始を知ってから3カ月が経てば単純承認したことになります。また、相続財産の処分をしたり使ってしまったりしても、単純承認したことになり、もう相続放棄はできなくなります。

　限定承認とは、故人が残した相続財産について、プラスの相続財産の範囲内でマイナスの財産を引き継ぐものです。手続きが若干複雑なため、判断に迷ったときは専門家へ相談するといいでしょう。

●相続放棄申述書の記入

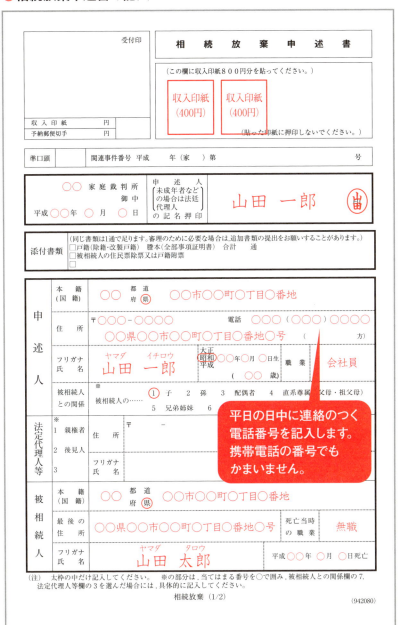

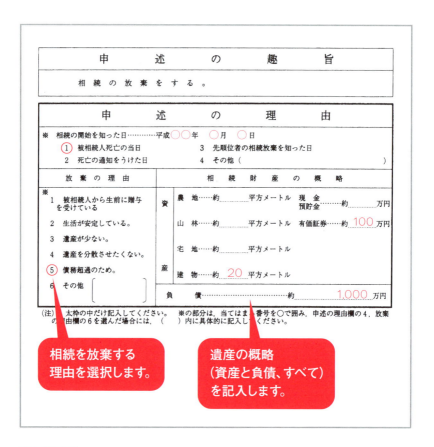

メモ 相続放棄と他の相続人の同意

　相続放棄をする際に、他の相続人の同意を得る必要はありません。希望する人が単独で手続きして、相続放棄をすることができます。

10 遺言がない場合、相続財産の分け方を決めましょう

できるだけ、すみやかに 遺言が存在しない場合は、原則として相続人全員で遺産の分け方を決めます。これを一般に遺産分割協議といいます。なお、相続放棄をした人は、遺産分割協議には参加しません。

遺産分割協議について

遺産分割協議は、相続人全員で行う必要があります。ひとつの場所に集まって行う必要はありませんが、行方がわからない人や未成年者、認知症となった人等も、相続人である以上、関わる必要があります。

これらの人については、不在者財産管理人、親権者または特別代理人、成年後見人等が本人の代わりに遺産分割協議に参加します。

もし、相続人のうち1人でも協議に参加していない者がいる場合、その遺産分割協議は無効となってしまいます。協議が難しい場合は家庭裁判所に遺産分割調停を申し立てることも少なくありません。

相続税申告との兼ね合いについて

単純に相続人それぞれの希望により分配する方法もありますが、遺産の状況によっては相続税申告および相続税の納税まで考慮して、分配を行う必要が出てくるケースもよくあります。このため相続税申告が必要な場合は税理士への相談をお勧めします。

遺産分割の方法について

遺産の分け方について、代表的な方法は下記の通りです。協議する前にまず確認しましょう。

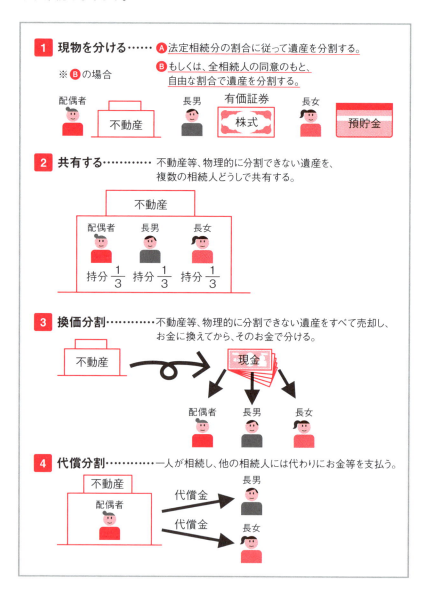

11 遺産分割協議をする場合、協議書を作成しましょう

遺産分割協議をする場合、すみやかに 遺産分割協議を行うことが確定したら、協議にあたって考慮すべき点を確認しましょう。

寄与分とは

　相続人のうち故人の財産の維持または増加に特別な寄与した者には、相続分算定の際に考慮する、というのが寄与分です。故人の財産の維持または増加に貢献があって、財産の維持・増加との間に因果関係がある場合、その分が法定相続分よりも多く分割されます。

特別受益について

　相続人の中で、故人から生前に生活の援助等のために贈与を受けた者がいる場合は、その分（特別受益）については相続分算定の際に計算上考慮しましょうという定めがあります（持ち戻し）。

遺産分割協議書について

　成立した遺産分割協議によって具体的な相続手続きを行う場合には、遺産分割協議書が必要になります。誰が、何を、どのようにするか、という点について、明確に特定します。遺産分割協議書には協議の内容を記載し、相続人全員が実印で押印し、印鑑証明書を添付します。

●遺産分割協議書の記入

遺産分割協議書

　平成27年10月5日、東京都千代田区平河町二丁目16番1号　玉本琢也（本籍地　東京都千代田区平河町二丁目16番）の死亡によって開始した相続の共同相続人、玉本真由美、玉本謙二、八重樫正子は、本日、被相続人・玉本琢也の相続財産について、次の通り遺産分割協議を行い、次のように分割した。

1．次の不動産は、玉本真由美が単独で取得する。
　　　所　在：東京都千代田区平河町二丁目
　　　地　番：16番1号
　　　地　目：宅地
　　　地　積：150.00㎡

> 被相続人を特定する、氏名、住所、亡くなった日、本籍地などの情報を記入します。

2．次の不動産は、玉本謙二が単独で取得する。
　　　所　在：東京都千代田区平河町二丁目
　　　地　番：16番1号
　　　種　類：居宅
　　　構　造：鉄筋コンクリート造
　　　地　積：1階　85.00㎡
　　　　　　　2階　55.00㎡

> 取得する不動産については登記事項証明書の通りに、預貯金は金融機関名や口座番号などを正確に記入しましょう。

3．次の預金は、八重樫正子がすべて単独で取得する。
　　　東京東西梅竹銀行　　普通預金　　口座１２３０９８７　　金1,400万円
　　　アーバン七星銀行　　定期預金　　口座０９８７６１２　　金250万円

　本遺産分割協議の成立を証するため、本協議書を3通作成し、署名捺印のうえ各自1通を保有する。

平成27年12月18日

> 相続人全員、各自の実印を押印し、印鑑証明書を添えます。

　　　住所　東京都千代田区平河町二丁目16番1号
　　　　　　　　　　　氏名　　玉本　真由美　㊞
　　　住所　東京都千代田区神田神保町一丁目22番33号
　　　　　　　　　　　氏名　　玉本　謙二　㊞
　　　住所　新潟県新潟市中央区花園二丁目1番1号
　　　　　　　　　　　氏名　　八重樫　正子　㊞

12 遺産分割協議がまとまらなかったら

遺産分割協議がまとまらないとき、すみやかに　遺産分割協議は相続人全員で行う必要があります。分割の内容に1人でも合意しない者がいる場合は協議が成立しません。

遺産分割協議がまとまらない場合には、管轄の家庭裁判所に遺産分割調停を申し立てることができます。

調停手続きでは、裁判官と調停委員が各当事者から事情を聴取し、必要な資料を提示させ、遺産について鑑定等をして、解決のために合意を目指す話し合いを行います。

遺産分割調停は、ケースにもよりますが月に1回くらいの頻度で開かれます。調停がまとまらなければ次、またその次にということになり、解決するまでに一般的には1年前後、時間がかかるといわれています。相続税申告が必要な場合は注意しましょう。

●遺産分割調停の方法

申立先	相手方のうちの1人の住所地の家庭裁判所等
申立てできる人	相続人、包括受遺者等
必要になるもの	申立書、相続関係を証する戸籍謄本、相続人の住民票 等

調停が成立しなかったら

話し合いがまとまらず調停が成立しない場合は、家庭裁判所にて審判手続きに移行します。審判手続きでは、裁判官が遺産、権利等一切の事情を考慮して、審判をすることになります。

●遺産分割調停申立書の記入

> この申立書の写しは、法律の定めるところにより、申立ての内容を知らせるため、相手方に送付されます。

	受付印	遺産分割	☑ 調停 □ 審判	申立書

> 「当事者間の話し合い」である、調停の欄にチェックを入れます。

（この欄に申立て1件あたり収入印紙1,200円分を貼ってください。）

収入印紙 （400円）	収入印紙 （400円）	収入印紙 （400円）

（貼った印紙に押印しないでください。）

収入印紙	円
予納郵便切手	円

○○家庭裁判所　御中 平成○○年　○月　○日	申立人 （又は法定代理人など） の記名押印	山田　一郎　㊞

添付書類	（審理のために必要な場合は、追加書類の提出をお願いすることがあります。） ☑ 戸籍（除籍・改製原戸籍）謄本（全部事項証明書）合計　通 □ 住民票又は戸籍附票　合計　通　　□ 不動産登記事項証明書　合計　通 ☑ 固定資産評価証明書　合計○○通　☑ 預貯金通帳写し又は残高証明書　合計○○通 □ 有価証券写し　合計　通　　　　□	準口頭

当　事　者	別紙当事者目録記載のとおり		
被相続人	本　籍 （国　籍）	○○都道府県	○○市○○町○丁目○番地
	最後の住　所	○○都道府県	○○市○○町○丁目○番地○号
	フリガナ 氏　名	ヤマダ　タロウ 山田　太郎	平成○○年　○月　○日死亡

申　立　て　の　趣　旨

被相続人の遺産の分割の（ ☑ 調停 ／ □ 審判 ）を求める。

申　立　て　の　理　由

遺産の種類及び内容	別紙遺産目録記載のとおり			
被相続人の債務	□ 有	/	□ 無	☑ 不明
☆　特　別　受　益	☑ 有	/	□ 無	□ 不明
遺　　　　　　言	□ 有	/	☑ 無	□ 不明
遺産分割協議書	□ 有	/	☑ 無	□ 不明
申立ての動機	☑ 分割の方法が決まらない。 □ 相続人の資格に争いがある。 □ 遺産の範囲に争いがある。 □ その他（　　　　　　　　　　　　　　　　　　）			

（注）太枠の中だけ記入してください。
　　□の部分は該当するものにチェックしてください。
　　☆の部分は、被相続人から生前に贈与を受けている等特別な利益を受けている者の有無を選択してください。「有」を選択した場合には、遺産目録のほかに、特別受益目録を作成の上、別紙として添付してください。

遺産（1/　）

(942100)

この申立書の写しは,法律の定めるところにより,申立ての内容を知らせるため,相手方に送付されます。

当事者目録

☑□ 申立人 相手方	本籍(国籍)	○○ 都道府(県) ○○市○○町○丁目○番地	
	住所	〒000-0000 ○○市○○町○丁目○番地○号 (方)	
	フリガナ 氏名	ヤマダ イチロウ 山田 一郎	大正 昭和 ○○年 ○月 ○日生 平成 (○○歳)
	被相続人との続柄	長男	
□☑ 申立人 相手方	本籍(国籍)	○○ 都道府(県) ○○市○○町○丁目○番地	
	住所	〒000-0000 ○○市○○町○丁目○番地○号 (方)	
	フリガナ 氏名	ヤマダ ミエ 山田 美恵	大正 昭和 ○○年 ○月 ○日生 平成 (○○歳)
	被相続人との続柄	妻	

> 全相続人を目録に記入し、申立人と相手方のいずれかをチェックします。

遺産目録（□特別受益目録）

【土地】

番号	所在	地番	地目	地積 平方メートル	備考
1	○○県○○市○○町	○ー○	宅地	150 25	
2	○○府○○市○○町	○ー○	宅地	350 75	

遺産目録（□特別受益目録）

【現金，預・貯金，株式等】

番号	品目	単位	数量（金額）	備考
1	○○銀行○○支店 普通預金 口座番号 1234567		金2,500,000円	山田美恵が保管

> 遺産目録には、明細を記入します。

4 遺産相続の手続きについて

13 相続人の行方がわからないとき、未成年がいるとき等

遺産分割協議を始める前に、なるべく早く 行方がわからない人、未成年者や認知症になった人等も、相続人であるならば相続の権利があります。このような相続人と、どのように手続きを進めていけばいいのか確認しましょう。

行方がわからない人、未成年者

相続人の中に行方がわからない人がいる場合は、不在者財産管理人を選任する必要があります。選任された不在者財産管理人が、家庭裁判所の許可を得て、行方不明となっている不在者の代わりに遺産分割に参加することになります。

相続人の中の未成年者は、親権者や未成年後見人が代理人となって遺産分割に参加します。しかし、親権者も相続人となっているような場合は、親権者自身の立場と未成年者の代理人としての立場とで利害がぶつかってしまいかねません。このような場合は、未成年者のために特別代理人を選任し、その特別代理人が未成年者に代わって遺産分割に参加します。

認知症等、判断能力を欠く者

相続人の中に認知症等になって判断能力を欠く人がいる場合は、その人について成年後見人を選任する必要があります。選任された成年後見人は本人の財産管理や身上監護を行います。遺産分割においては、判断能力を欠く人の代わりに、遺産分割協議に加わります。

第5章

遺産が確定した後の相続や名義変更等の手続きについて

　遺産分割協議がまとまる等、遺産が確定して実際に誰が相続するのかが確定したら、遺産を相続する手続きを行っていきます。相続の手続きの中には、名義を変更したり、生命保険の保険金を受け取ったり等、実際にするべきことはたくさんあります。亡くなった方の住宅ローンについて、ゴルフ場やリゾートホテルの会員権の扱いについて等、具体的なケースで行うべき手続きについて確認しましょう。

相続の手続きを
滞りなく行っていく中で
確認しておきたいこと

　名義の変更、生命保険の保険金の受け取り、不動産の相続にまつわる登記申請など、相続について必要な手続きを進めるためにも、書類の手配や実際の手続きについての、大まかな流れを把握しておきましょう。取得した遺産の名義変更等は、いつまでもそのままにはできないので、落ち着いたところで手続きを進めていきましょう。

相続の手続きをする中で気をつけたいこと

　解約や名義変更には、決められた期限がないものもありますが、名義変更をしないでおくと、相続税の申告や納税を行うときに、節税になる特例を受けられないこともあります。それぞれの手続きの大まかな流れを把握して、滞りなく進めていきましょう。

　まず、最初にするべきは、相続財産の名義変更などに必要な書類を確認して、手配します。戸籍謄本や印鑑証明書など、各種手続きで共通して必要な書類もあるため、必要な分だけ同時に取得することをお勧めします。

1 金融機関の口座の相続手続きをしましょう

亡くなられて、すみやかに 亡くなった方の銀行口座を解約する際には、口座の名義人が死亡したことを伝えることが、最初に必要になります。連絡すると口座が凍結されるので、その後に解約や名義変更の手続きを行います。

銀行や信用金庫などの相続手続き

●金融機関への連絡について

まずは、口座のある故人が亡くなって相続が発生することを電話等で各金融機関に伝えます。すると、口座が凍結され、入出金等ができなくなります。この際に口座振替で支払いが行われているものについては、別の方法での支払いに切り替えましょう。相続手続きでは、各金融機関で所定の届け出用紙の提出を求められます。連絡した際に、所定の用紙等、必要な書類の入手方法をあわせて確認します。また、遺言書や遺産分割協議書がないと、手続きが煩雑になることも少なくありません。これらを用意してから実際の手続きを行うとスムーズにできます。

●残高証明の開示・照会請求について

次に、故人の口座の残高証明の請求をしてみます。残高証明により、手元にある通帳や金融機関からの郵便物等にない、財産が見つかることもあります。

●**必要な書類の用意と提出について**

　請求をするために金融機関への提出が必要になる戸籍謄本等や印鑑証明書等の書類を用意します。金融機関ごとの必要な書類に関しては、所定の用紙に案内があることが一般的です。あわせて金融機関所定の用紙への署名・押印作業も行いましょう。

　すべての書類がそろったら、金融機関に所定の用紙等の一式を提出します。金融機関側の処理を待って払い戻しや名義変更をすることができますが、金融機関によっては、提出後、数週間かかることもあります。書類の提出は、口座のある支店で行いますが、どの支店でも手続き可能としている金融機関もあるので、確認してみるといいでしょう。

●**一般的に手続きに必要な書類について**
※金融機関ごとに必要書類は異なります。
指定の届出書、手続きを行う者の身分証明書、通帳、カード、貸金庫の鍵等
〈遺言書がある場合に必要なもの〉
　　　相続届
　　　遺言書
　　　相続関係を確認できる戸籍謄本等
　　　相続する人の印鑑証明書
〈遺産分割協議書がある場合に必要なもの〉
　　　相続届
　　　遺産分割協議書
　　　相続関係を確認できる戸籍謄本等
　　　相続する人の印鑑証明書

●残高証明依頼書の記入

各金融機関に提出する残高証明や、取引履歴の請求には、届け出の用紙に加えて相続関係が確認できる戸籍謄本等が必要になります。

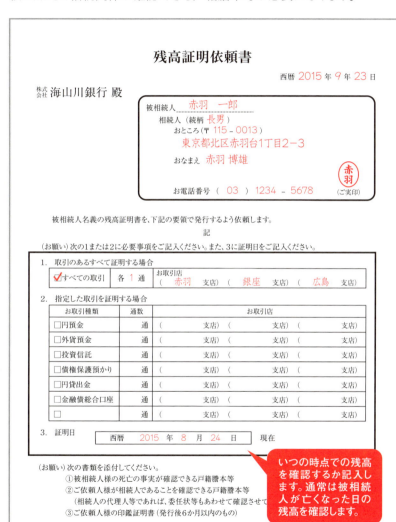

●金融機関の相続届の記入

　相続届は金融機関ごとに所定の用紙がありますが、基本的な体裁はほとんど同じで、遺言がない場合は、基本的には相続人全員の署名・押印を記入します。各預貯金の取扱方法等につき、財産を引き継ぐ権利のある者がどのように合意したかが金融機関側が確認できる書式です。

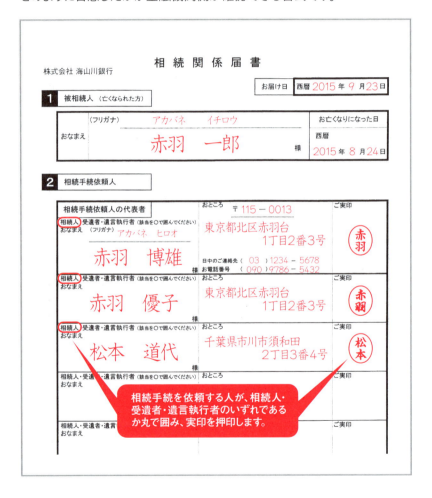

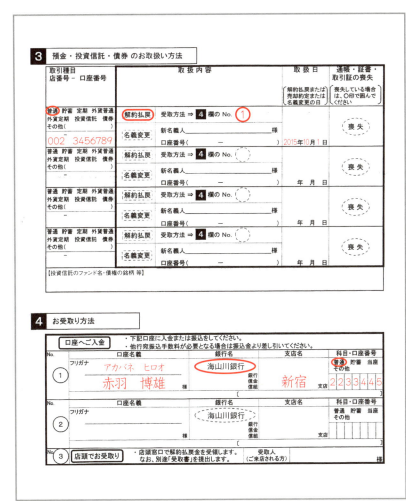

ゆうちょ銀行の相続手続き

●相続確認表の提出について

　ゆうちょ銀行の郵便貯金や定額貯金等の相続手続きも、基本的には他の金融機関における手続きと同じです。

　まずは最寄りのゆうちょ銀行、または郵便局の貯金窓口で相続確認表を受け取ります。必要事項を記入し、最寄りのゆうちょ銀行、または郵便局の貯金窓口に提出しましょう。相続確認表は、ゆうちょ銀行のウェブサイトからもダウンロードできます。相続確認表を提出すると、後日、「必要書類のご案内」が代表相続人に送られてきます。

●必要な書類の用意と提出について

　「必要書類のご案内」には、提出を求められる書類が一覧になって記載されています。戸籍謄本や印鑑証明書等、記載されている書類を手配し、相続人等が署名・押印した相続手続請求書とともに、ゆうちょ銀行または郵便局の貯金窓口に提出します。

●相続払い戻し金の受領について

　必要書類を提出した後、1～2週間程度で代表相続人の通常貯金口座に払い戻し金が入金されます。

　払い戻しの場合は払い戻しにかかる払戻証書、名義書換の場合は名義書換済みの通帳等が送られてきます。払い戻しの場合は、最寄りのゆうちょ銀行または郵便局の貯金窓口に払戻証書を持参し、手続きを行います。

●ゆうちょ銀行の相続確認表の記入

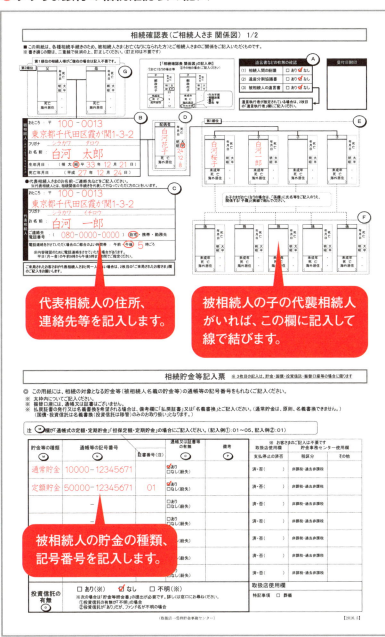

2 株式等、有価証券を相続したときに

亡くなられて、すみやかに 基本的な手続きは、銀行等における手続きの流れと同じです。株式や投資信託などは、証券会社や信託銀行の口座で管理されていて、相続するとそのまま保有することも、売却することもできます。

●証券会社への連絡から…

まずは証券会社等に電話等で連絡を入れます。取引をしていたかどうかは、証券会社からの郵便物や、通帳の履歴等を手がかりとします。連絡した際に、相続に関しての資料の請求と必要な手続きの確認をしましょう。

●相続人名義の口座の準備・名義変更について

たとえば、故人が保有していた株式を売却したい場合でも、基本的には、いったん相続人名義の管理口座を準備し、名義変更を行う必要があります。売却する場合は、名義変更手続きが終わった後に、売却の手続きを行うことになります。

メモ 証券会社を通していない有価証券や自社株

証券会社を通していない会社の株式等の有価証券が見つかった場合は、会社名を確認し、有価証券の発行会社に手続きの方法について直接確認してみましょう。また、故人が自社株を保有していた場合は、会社関係者に連絡をしましょう。それぞれ会社ごとに、株式について所定の手続きが必要です。

特に、事業承継や清算には法律面、税務面等、専門的な知識が求められますので、なるべく早く会社の税理士等に相談しましょう。

●相続手続依頼書の記入

相続手続依頼書 兼 相続上場株式移管依頼書（兼 特定口座開設者死亡届出書）

青黄赤証券株式会社 御中
私ども（私）は、青赤黄証券の管理する下記被相続人口座の財産について指定移管口座への移管を依頼します。

1. お亡くなりになった方のお名前、ご住所をご記入ください。　記入日 ○○ 年 ○ 月 ○ 日

被相続人の氏名	玉置 太郎	住所	東京都中央区日本橋一丁目30番2号
生年月日 ○○年 ○月 ○日	生年月日 ○○年 ○月 ○日	青黄赤証券 新宿 支店	支店コード A45 口座番号 9876 54

2. 相続人等の自筆及び印鑑証明書の実印を押印し、住所等をご記入ください。
相続財産を受け取られる方がお一人の場合は相続人①にご記入、ご捺印ください。複数人の場合は相続人②以降に自筆及び捺印をお願いします。

	署名欄	住所	捺印欄
相続人①	玉置 花子	東京都中央区日本橋一丁目30番2号	玉置
	生年月日 ○○年 ○月 ○日　青黄赤証券 新宿 支店　支店コード A451　口座番号 2345 6		
相続人②	玉置 一郎	東京都中央区日本橋一丁目30番2号	玉置
	生年月日 ○○年 ○月 ○日　青黄赤証券 新宿 支店　支店コード A454　口座番号 5678 9		
相続人③	玉置二郎　親権者 玉置花子	東京都中央区日本橋一丁目30番2号	玉置

> 相続人の欄は、遺言書や遺産分割協議をもとに、株式を取得することになった人について記入します。

3. 相続財産明細、受取数量等を記入してください。
配当所得と譲渡損益通算により、被相続人口座の特定口座（源泉徴収選択口座）で還付金が発生する場合の還付金は、相続人①の口座にお支払いいたします。また、相続手続完了後に再投資型商品再投資分が発生した場合においても、相続人①の口座にお支払いいたします。

	相続財産明細			相続人①	相続人②	相続人③	相続人④	相続人⑤
	銘柄コード	銘柄名	数量	受取数量	受取数量	受取数量	受取数量	受取数量
1	○○○○	○○化学	6,000	2,000	4,000			
2	××××	○○電気	8,000	4,000	4,000			
3	○○××	○○銀行	2,000	1,000	1,000			
4	××○○	○○建設	6,000		6,000			
5	○×○×	○○製作所	1,000,000	1,000,000				
6								
7								
8								
9								
10								
11								
12								
13								
14								
15								
16								
17								
18								
19								

> 相続人ごとに、取得する株式の詳細を記入します。

5 遺産が確定した後の相続や名義変更等の手続きについて

3 生命保険の保険金を受け取るときに

亡くなられて、すみやかに 生命保険等、死亡に伴い保険金が発生するものがあります。一般的な相続手続きと異なり、保険金の受取人が指定されている場合は、原則としてその受取人が、他の相続人等の関与なしに、受け取ることになります。

●保険会社への連絡について

被保険者が死亡したことを保険会社に連絡します。契約をしていたかどうかは、保険会社からの郵便物、通帳の履歴等を手がかりにします。

●契約内容の開示・照会請求について

保険の契約内容について確認が必要となります。具体的に受取人が指定されていない場合等は、他の金融機関における手続きと同じように相続人全員の手続きへの関与が求められることもあります。また、受取人が先に死亡している場合で、他の受取人を再指定しないまま契約者が亡くなってしまった場合は、原則として受取人の相続人が保険金を受け取ることになります。保険の約款についても確認してみましょう。

●保険金の受け取り

保険金は請求しないと受け取ることができません。死亡保険金請求書等、必要な書類を提出し、保険金の受取手続きを行います。

●死亡保険の請求書の記入

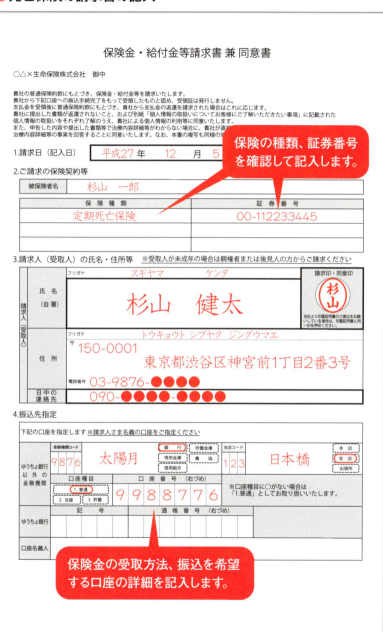

4 自動車を相続するときに（名義変更等）

亡くなられて、すみやかに 故人から自動車を相続するときは、相続人の名義にするための移転登録という手続きが必要になります。売却したり廃車にしたりする場合でも、基本的には、故人からいったん相続人が自動車を引き継ぐことになります。相続人への名義変更は、ナンバープレートを交付している管轄の陸運局（運輸支局か自動車検査登録事務所）に移転登録の申請書を提出します。

●自動車の相続方法について

自動車をどのように相続するか相続人全員で決めます。相続人の1人の名義にする等、特定の者が引き継ぐ場合には遺産分割協議書を作成します。相続人複数の共同名義にすることも可能です。

●登録申請について

一般的に自動車の登録手続きは、行政書士に依頼するケースが少なくありません。自分で行う場合は、管轄の陸運局に移転登録申請書を提出します。申請書の他に、手数料納付書、自動車税申告書、遺産分割協議書、戸籍謄本等、自動車検査証、自動車保管場所証明書（車庫証明書）等をあわせて提出する必要があります。軽自動車の場合は、手続き先が管轄の軽自動車検査協会となるので、直接問い合わせてみましょう。

●移転登録申請書の記入

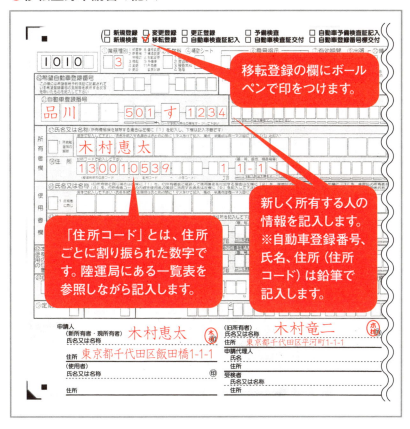

メモ 原付、小型二輪の相続手続きについて

　原付、小型二輪等も相続の対象になります。原付については、市区町村役場にてまず廃車手続きを行います。廃車手続きが完了したら、相続人の名義での登録手続きを行います。小型二輪についても、通常、管轄する陸運局で同様にまず廃車手続きを行います。なお、陸運局は土・日・祝日は開いていません。手続きが困難な場合には、行政書士など代理人に依頼するのが一般的です。

5 不動産の相続をするときに

亡くなられて、すみやかに 不動産を所有していた方が亡くなられたときは相続の手続きが必要となります。不動産を売却する場合でも、いったん亡くなった方の名義から相続人の名義に変更しなければなりません。

そこで、まず不動産を誰が引き継ぐか相続人全員で決めます。遺言があるときは、原則として遺言の内容に従い、特定の人が引き継ぐ場合には、遺産分割協議書を作成します。

名義変更を行うには、不動産を管轄する法務局に、必要書類とともに登記申請書の提出が必要になります。

不動産の相続に伴う登記手続きの流れ

●必要書類の収集・準備、申請書の作成

戸籍謄本等必要な書類を集め、遺言書がある場合は遺言書、ない場合は遺産分割協議書等を準備します。それらの書類に基づき、登記申請書を作成しましょう。

●登記申請について

次に、不動産を管轄する法務局に所有権移転登記申請書を提出します。郵送により申請することも可能ですが、書類を窓口に持参すれば相談窓口で申請前に相談することもできます。また、登録免許税が必要となり、課税価格の0.4%が費用となります。登録免許税は収入印紙を申請書に貼付して納めるケースがほとんどです。登記完了までは申請から1～2週間程度かかります。

● 登記完了

　登記が完了すると、原則として不動産ごと、申請人ごとに登記識別情報通知が発行されます。登記識別情報通知とは、登記名義人を識別するための情報が記載された書面です。いわゆる、権利証（登記済証）と同じ意味を持つ書類であるため、大切に保管しましょう。

　登記が完了したら、法務局で登記簿謄本（登録事項証明書）を取得すると、登記された内容を確認することができます。

> **メモ　期限が決められていないけれど、早く済ませたほうがいい手続きについて**

　実は、遺産分割には「いつまでに終わらせなければいけない」という時間の制限は、法律上特にありません。不動産の中でも、住居の場合、家族が亡くなってもそのまま住んでいるので問題がないとして、遺産分割をしないケースもあります。

　ところが、その後相続人のうちの1人が亡くなると、さらに新たな相続が発生し、10年くらいの間で相続人が何十人にもなることもあります。ここまで複雑になると、遺産分割をすみやかに行うことが難しくなります。

　「老人ホームの入居が決まった」というケースのように、遺産分割を行う必要があっても資産をすみやかに売却できないことも起こりうるため、遺産分割はできるだけすみやかに終わらせておくことをお勧めします。

●登記申請書（所有権移転）の作成例について

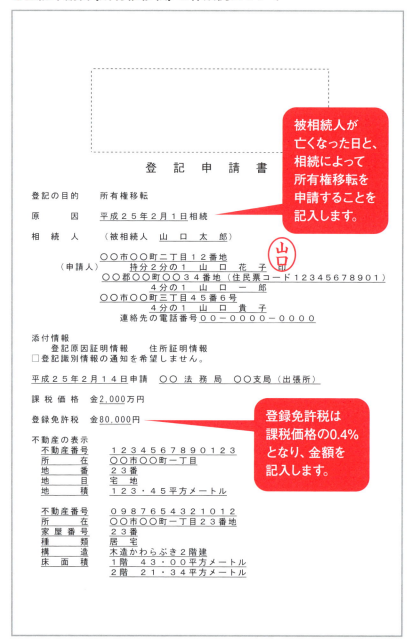

遺産分割協議の場合に添付する書類

●印鑑証明書について

　遺産分割協議により法定相続分以外の割合で引き継ぐ場合には、遺産分割協議書を作成します。

　遺産分割協議書には誰がどの不動産を相続するのか明確に特定できるように記載します。相続人全員で署名し、実印で押印します。その際に印鑑証明書もあわせて添付する必要があります。

●戸籍謄本等について

　戸籍謄本等も添付する必要があります。
・被相続人の死亡の記載のある戸籍（除籍）謄本
・被相続人の出生までさかのぼる除籍・改製原戸籍謄本
・相続人全員の戸籍謄本（抄本）
・被相続人の住民票（除票）の写し　等

●不動産を取得する者の住民票の写しについて

　不動産の所有者は登記簿に住所と氏名が記載されるため、正確な住所と氏名を証する住民票の写しを添付します。

●固定資産評価証明書について

　登録免許税を算出するために、登記申請年度の固定資産評価証明書（または固定資産税納税通知書）の添付も必要になります。固定資産評価証明書は、市区町村役場で、東京23区の場合は都税事務所で取得します。

●固定資産証明申請書の記入

固定資産〔証明・閲覧〕申請書

平成 27 年 12 月 10 日　次のとおり証明・閲覧を申請します。

東京都 ○○ 都税事務所長 殿

※太枠内に記載されている□に ✓ を付け、所要事項を記入してください。

☑ 評価証明
□ 関係（公課）証明
□ 物件証明
□ 土地・家屋名寄帳閲覧
□ 課税台帳閲覧
□ 地籍図閲覧

申請者（代理人を含む）
住所（所在）　千代田区平河町1丁目1番地
フリガナ　オガタ　ヨシジ
氏名（名称）　緒方 芳次
電話　080-●●●●-●●●●
代表者印（法人のみ申印）

使者　※使者の方が申請書を提出する場合は、以下の事項も記入してください。
申請者が法人の場合で、その従業員の方が申請書を提出する場合（申請書に**代表者印押印**）、従業員証、本人確認書類
申請者が弁護士等の場合で、その事務職員の方が申請書を提出する場合（弁護士等あて委任状、補助者証、本人確認書類）等

住所
フリガナ
氏名
電話

証明・閲覧の対象となる固定資産の納税義務者　（□申請者に同じ）

住所（所在）　千代田区麹町1丁目1番
フリガナ　オガタ　セイイチ
氏名（名称）　緒方 聖一
※申請者と同じ場合はここに記入は不要です。

証明・閲覧を必要とする理由
☑ 登記所　□ 金融機関　□ 裁判所
□ 税務署　□ 官公署（　　）
□ 参考資料　□ その他（　　）

年度	区分	物件の所在地（登記簿の地番）				家屋番号	通数	証明番号
		区（町）		丁目	番（号）			
平成27	☑土地 □家屋 □償却資産	千代田区	麹町	1	1		1	
平成27	□土地 ☑家屋 □償却資産	千代田区	麹町	1	1		1	
	□土地 □家屋 □償却資産							

> 土地、家屋等、区分に印をつけ、登記簿上の地番等を確認して記入します。

◎申請者（使者）の本人確認の際、確認書類で有効期限のある書類は、有効期限内のものに限ります。個人情報については厳重に取り扱い、目的外の利用は一切いたしません。確認書類の写しをとらせていただきますので、ご理解・ご協力のほどよろしくお願いいたします。

本人確認
A：官公署が発行した書類（顔写真付）　運転免許証　旅券　在留カード　個人番号カード　住民基本台帳カード（顔写真付）身体障害者手帳（　）士業明書類（顔写真付）その他（　） A1
B：官公署が発行した書類（顔写真なし）　住民基本台帳カード（顔写真なし）　その他（　） B2
C：被保険者証　共済組合員証　国民年金手帳　公共料金領収書　キャッシュカード　クレジットカード　預（貯）金通帳　学生証（顔写真付）東京都シルバーパス　法人が発行した身分証明書（顔写真付）その他（　） B1+C1
国税又は地方税の納税通知書　国税又は地方税の領収書（自動車税及び軽自動車税を除く）

本人確認番号控（A・Bのみ）　納税通知書番号控　[CD]　特記事項

〔手数料確認欄〕
窓口職員が収納金額をお伝えしたあとに、お買い求めください。
証明は1通400円、閲覧は1件300円です。

担当者
手数料　　円
閲覧　　件
証明　　通
（内訳）評価　関係　物件
自所
他所

●**相続関係説明図**

　以下のような相続関係説明図を作成して添付すると、戸籍・除籍・改製原戸籍謄本（抄本）の原本を返却してもらうことができます。謄本の原本の返却が不要の場合は、作成する必要はありませんが、他の手続きでもあると便利なので、相続関係を整理するという意味でも作成することをお勧めします。

●**相続関係説明図の作成例について**
　（遺産分割協議によって相続した場合）

遺言の場合に添付する書類

●遺言書について

　遺言により特定の者が不動産を引き継ぐ場合には、登記申請の際に遺言書を添付する必要があります。公正証書遺言以外の遺言の場合は、家庭裁判所で検認済みの遺言書を添付します。

●戸籍謄本等

　戸籍謄本等も添付する必要があります。
・被相続人の死亡の記載のある戸籍（除籍）謄本
・不動産を取得する相続人の戸籍謄本
・被相続人の住民票（除票）の写し 等

●その他の書類について

　不動産を取得する者の住民票の写し、固定資産評価証明書、相続関係説明図を用意します。

遺贈の場合に添付する書類

　相続人以外の者に相続させる、または遺贈する遺言が残されている場合は、相続による所有権移転登記ではなく、遺贈による所有権移転登記を申請する必要があります。登録免許税が課税価格の2%となる等、手続きも大きく違いがあります。詳しくは司法書士に相談しましょう。

6 住宅ローンと団体信用生命保険

亡くなられて、すみやかに　住宅ローンを組んでいた場合、団体信用生命保険（団信）に加入しているケースは少なくありません。団信は、加入したローン契約者が死亡した場合等に、生命保険会社が代わりに残ったローンを支払って、ローンが完済となる仕組みの保険です。

●団信弁済届の提出について

まずは金融機関に連絡しましょう。団信弁済届を提出して団信によりローンが完済されると、抵当権を設定していた金融機関から抵当権抹消登記に必要な書類が一式（解除証書、登記済証または登記識別情報、委任状、代表者事項証明書等）渡されることが一般的です。

●所有権移転登記について

団信によりローンが完済されたら、抵当権抹消登記の前提として、所有者につき名義を変更する所有権移転登記を行う必要があります。所有権移転登記と抵当権抹消登記は、法務局に申請します。

●抵当権抹消登記

抵当権抹消登記は、所有権登記名義人（相続人）と、抵当権者（金融機関等）の共同申請という形で行います。抵当権抹消登記の添付情報は、原則として、登記原因証明情報（解除証書、弁済証書等）、登記済証または登記識別情報、代理権限証明書情報（委任状等）、資格証明情報（代表者事項証明書等）となります。

●団信弁済届の記入

[死亡用]

届出日 平成 27 年 12 月 14 日

団信弁済届

独立行政法人住宅金融支援機構　御中

債務弁済充当（委託）約款に基づき、下記【団信弁済の届出に…
弁済パンフレット】の内容を了承の上、届出をします。

届出内容

| 死亡日 | 平成 27 年 11 月 10 日 |

> 住宅ローンを契約していた故人について記入します。

団信加入者（被共済者）

| フリガナ | タカダ　タダシ | 性別 | ☑男　□女 |
| 氏名 | 高田　正 | 生年月日 | ☑昭和　□平成　36年 9月 5日 |

届出者

フリガナ	タカダ　ヒロコ	団信加入者との関係	☑1配偶者　□2親族（　）　□3その他（　）
氏名	高田　広子　㊞（高田）		
フリガナ	トウキョウト チヨダク ヒラカワチョウ		
住所	〒102-0093　東京都千代田区平河町1-1-1		
電話番号	（03）-（0000）-（0000）	※日中ご連絡がとれる電話番号をご記入ください。	

【団信弁済の届出にあたっての確認事項】

- 今般ご提出いただいた個人情報については、「団信弁済パンフレット」に記載の「個人情報の取扱いについて」によりお取扱いいたします。
- 必要に応じて全共連（もしくは全共連の委託会社）より、直接ご家族・主治医等に照会や確認を行うことがあります。あらかじめご了承ください。
- 債務の完済が決定するまで、機構等へのご返済は、これまでどおりご相続人さまにおいて継続してください。審査の結果、債務の完済が決定した場合、死亡日（共済事故日）以後にお支払いただいた償還金等は、後日別途ご相続人さまに返戻いたします。
- 債務弁済が行われた後に、他の届出内容でのご請求はできませんので、ご注意ください。

【金融機関記入欄】（注）併せ貸しの有無をご確認ください。

金融機関名	
被保険（共済）者番号（または顧客番号）	｜｜｜｜｜｜｜｜｜｜｜　｜｜｜｜｜｜｜｜｜｜｜
備考欄	（注）団信弁済返戻金の返金先を償還金口座以外とする場合は、「振込口座（変更）届（死亡用）」（帳票団11）をご提出いただくようお願いいたします。

●登記申請書（抵当権抹消）の作成例について

登　記　申　請　書

登記の目的　　<u>3番抵当権抹消</u>

抹消する登記　<u>平成17年3月8日受付第1234号抵当権</u>

原　　　因　　<u>平成27年11月2日解除</u>

権　利　者　　〇〇郡〇〇町〇〇34番地
　　　　　　　　　　　山　口　太　郎

義　務　者　　〇〇市〇〇町二丁目12番地
　　　　　　　　　　　株式会社〇〇銀行
　　　　　　　　　　　（会社法人等番号　1234－56－789012）
　　　　　　　　　　　代表取締役　〇〇〇〇

添付情報
　　登記識別情報又は登記済証　　登記原因証明情報
　　会社法人等番号　　　　　　　代理権限証明情報

<u>平成27年11月2日申請　〇〇法務局　〇〇支局（出張所）</u>

申請人兼義務者代理人　〇〇郡〇〇町〇〇34番地
　　　　　　　　　　　　　　山　口　太　郎　㊞
　　　　　　　連絡先の電話番号<u>00－0000－0000</u>

登録免許税　　<u>金2,000円</u>

不動産の表示
　　不動産番号　　1234567890123
　　所　　在　　〇〇市〇〇町一丁目
　　地　　番　　5番
　　地　　目　　宅地
　　地　　積　　250・00平方メートル
　　　　　　　　（順位番号　3番）

　　不動産番号　　0987654321012
　　所　　在　　〇〇市〇〇町一丁目5番地
　　家屋番号　　5番
　　種　　類　　居宅
　　構　　造　　木造かわらぶき平家建
　　床面積　　　120・53平方メートル
　　　　　　　　（順位番号　3番）

> 抵当権抹消登記の登録免許税は、不動産1つにつき1,000円です。

遺産が確定した後の相続や名義変更等の手続きについて

7 会員権類や債務の相続手続き

なるべく早く ゴルフ場やリゾートホテルなどの会員権、NTTの電話加入権など、これまで確認してきたもの以外にも、相続の際に手続きが必要なものがあります。その中でも代表的なものを確認しておきましょう。

ゴルフ場やリゾート会員権、絵画や宝飾品等

　会員権は相続の対象になります。必要となる手続きはゴルフ場やリゾートホテルもしくはそれらの管理会社によって変わるので、直接問い合わせてみましょう。

　リゾートホテルによっては、共有で不動産の所有権を持っていることがあります。その場合は、不動産についても名義変更の手続きが必要となります。

　いずれの手続きでも、一般的には名義変更にかかる届出書、相続関係を証する戸籍謄本、相続人全員の印鑑証明書等が必要となります。売却する場合にも、基本的にはいったん相続人名義への変更、あるいは同意書等による相続人全員の関与が求められます。

　また、絵画や骨董品、宝石等も相続の対象になります。財産的な価値がある動産類についても、遺産分割において誰が引き継ぐか決める必要があります。

祭具・墳墓について

　祭具や墳墓等の所有権は、慣習に従って、祖先の祭祀を主宰する人が承継することになります。亡くなられた方が主宰者を指定した場合は、その人が所有権を承継します。

死亡退職金について

死亡退職金は、就業規則等で受取人が指定されている場合は、その受取人固有の財産とみなされ、相続財産とはなりません。受け取りに際しては、基本的に他の相続手続きと同様、届出書（請求書）や戸籍謄本、印鑑証明書等の提出が求められます。

電話加入権について

平成27年分の東京国税局管内の相続評価額では、1回線1500円とわずかな額になりますが、固定電話の加入権も相続財産にあたります。NTTのウェブサイトにはダウンロード可能な「電話加入権等承継・改称届出書」があるので、この書類を加入権センターに郵送で提出します。

債務について

借金等のマイナスの財産も相続の対象になります。注意が必要なのは、マイナスの財産は、「妻が代表して債務を引き継ぐ」と相続人全員で合意しても、その効力を債権者に主張することができないという点です。

原則として、それぞれの相続人が法定相続分に従って債務を承継することになります。一部の相続人が債務を引き継ぎ、他の相続人が責任を免れるようにするためには、債権者の同意を得て、免責的に債務を引き受ける免責的債務引受契約を行う必要があります。

8 相続人の代わりに代理人が手続きを行う場合に

相続人が高齢等の理由で、相続人以外の者が相続人に代わって相続に関する手続きを行いたい場合は、委任状等、所定の書類を提出する必要があります。委任状については、所定の書式が定められている等、提出先によって様式が異なるので、事前に確認しましょう。

●委任状の記入例（ゆうちょ銀行で払戻しを受ける場合）

※ 委任状は、お手続きを委任する方がすべて自筆でご記入〇

委 任 状

次の取り扱いを委任します。

委任する人の住所や氏名等を記入します。

委任者（名義人）
- おところ　郵便番号（ 102 - 0093 ）　東京都千代田区平河町1-16-1
- おなまえ　中川　優太郎　様　印（中川）

受任者（代理人）
- おところ　郵便番号（ 102 - 0093 ）　東京都千代田区平河町1-16-1
- おなまえ　中川　花子　様

※ □枠欄は、該当の項目にレ印をつけてください。
※ 委任する内容の【】内に〇をつけてください。

注：通帳式の定額・定期貯金および担保貯金の場合は「証書番号」、無記名国債の場合は「個別番号」をご記入ください。

チェック	委任する内容	記号番号	証書番号等（注）	（額面）金額
✓	【通常】・定額・定期・　　　貯金の払戻し	12345-67891234		1,000,000 円
✓	【通常・定額・定期】　　　貯金の払戻し	98765-43210987		2,500,000 円
□	【住所・氏名・印章】の変更			
□	紛失等による通帳等の再発行請求			
□	暗証番号【照会・誤回数消去請求】			
□	マイナンバーの提供			

＜取扱店使用欄＞
備考　　　　委任確認　□確認年月日　　年　月　日　　受付
　　　　　　　　　　　□確認時刻　　時　分

【規程Naviコード：50297　改正年月：2016.1】　ゆうちょ銀行

第6章

相続税の申告に関する手続きについて

　相続税は税務署から納付書が送られてくるのではなく、相続人が共同で1つの申告書を作成して申告・納税する必要があります。申告・納税期限を過ぎてしまうと延滞税等がかかってきます。また、過少に申告したり財産を隠してしまうと加算税もかかります。相続税の基本と申告に関する手続きについて確認しましょう。

相続税の申告と納税の手続きで必要なこと

　亡くなった方の財産が相続税の基礎控除額を超えている場合は、原則として申告書を税務署に提出する必要があります。現金、預貯金、有価証券、土地、家屋等、亡くなった方が残した財産を評価して、相続税を計算します。申告が必要な場合は、申告書を作成して、納税を行います。

相続する人が10か月以内に行う主な手続き

↓ 忘れないようにチェックしてみましょう

確認すること・行うこと	期限	解説ページ
相続税が発生するか確認する	なるべく早く	P145
相続財産を評価する	なるべく早く	P146
相続税がかかるかどうか確認する	なるべく早く	P148〜
税額控除と2割加算を確認する	なるべく早く	P155
土地・家屋・株式の評価額を計算する	なるべく早く	P157〜
申告書の作成について	10か月以内	P170
相続税の納税方法について	10か月以内	P184

●相続税の申告・納税が必要か確認しましょう

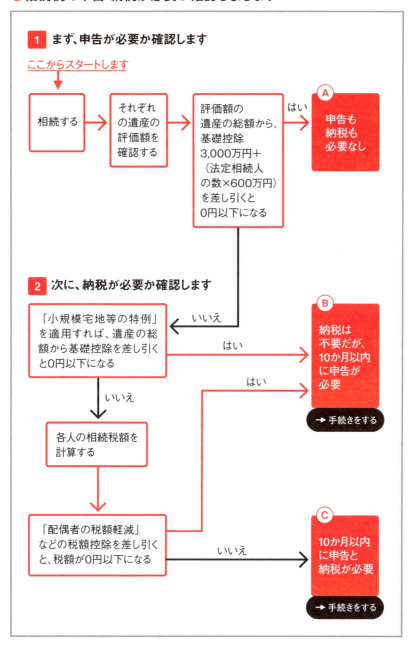

1 相続財産の評価をしましょう

なるべく早く　相続税は、相続または遺贈により財産を取得した人にかかる税金です。亡くなった方が残した財産について調べ、それぞれの評価額がいくらになるのか、計算してみましょう。

相続財産の評価とは

　亡くなった方が残した財産が、相続税の決まりに基づいていくらなのかを計算するのが「財産評価」です。相続する財産がこの金額以下なら相続税はかからないという額が基礎控除額です。財産が基礎控除額を超えている場合には、相続税の申告や納税が必要になります。主な財産を評価するための方法は、右ページのとおりです。

土地の評価には注意が必要です

　原則的に、金融資産は亡くなった日の残高や時価がそのまま評価額になりますが、不動産は相続税特有の方法で評価します。自宅等の土地については、一定の面積まで評価額が8割引きになる小規模宅地等の特例があります。

●相続財産ごとの評価について

項目		評価方法
手元現金		亡くなった日の残高
普通預金		亡くなった日の残高
定期預金		亡くなった日の残高＋利息（源泉税は差し引く）
土地	宅地	【路線価方式】路線価×面積 【倍率方式】固定資産税評価額×倍率
	借地権	自用地の評価額×借地権割合
	貸宅地	自用地の評価額×（1－借地権割合）
	貸家の敷地	自用地の評価額× （1－借地権割合×借家権割合×賃貸割合）
建物	自宅	固定資産税評価額×1.0
	貸家	固定資産税評価額×0.7
株式	上場株式	亡くなった日の終値。 ただし亡くなった月・その前月・その前々月の毎日の最終価格の平均額と比較して、最も低い価格にしてもかまわない
	非上場株式	議決権割合に応じ、原則的評価方式か特例的評価方式のどちらかで評価する
投資信託		亡くなった日の時価
死亡保険金		非課税枠あり
死亡退職金		非課税枠あり
ゴルフ会員権		取引価格×70%（預託金がない場合）
金（現物）		亡くなった日の小売価格
自家用車・絵画・家財		亡くなった日の時価
電話加入権		地域により異なる

2 相続税がかかるかどうか確認しましょう

なるべく早く　相続財産を評価して、亡くなった人の財産がいくらなのかがわかったら、相続税の対象となる「課税遺産総額」を算出します。

その1 財産の評価額を合計する

「相続財産」＋「みなし相続財産」＋「生前贈与財産の一部」

相続税がかかる財産は、現金や不動産だけではなく、死亡保険金や退職金等のみなし相続財産も、故人の死亡に伴って受け取るものなので、合計に含めます。故人が亡くなる前3年以内にもらった財産や、相続時精算課税制度でもらった財産等の生前贈与財産も加算します。

その2 マイナスできるもの（債務など）を差し引く

「非課税財産」＋「債務・葬式費用」

生命保険金と死亡退職金には、それぞれ「500万円×法定相続人の数」の非課税枠があります。国や公益法人等への一定の寄附金も非課税です。ローンや未払金などの債務、一定の葬式費用もマイナスします。これらを差し引いた後の金額を課税価格の合計額と呼びます。

その3 基礎控除額を引く

相続税がかかるのは、課税価格の合計額から基礎控除額を引いた残りの課税遺産総額になります。

●相続税がかかるか、かからないかの分岐点の目安

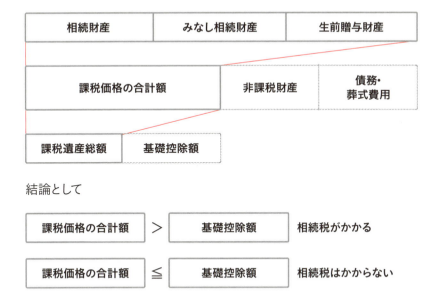

結論として

| 課税価格の合計額 | ＞ | 基礎控除額 | 相続税がかかる |
| 課税価格の合計額 | ≦ | 基礎控除額 | 相続税はかからない |

メモ 生命保険金・死亡退職金の非課税枠とは

　みなし相続財産とは遺産ではないので、遺産分割の対象にはならないものの、相続税を計算するときに遺産とみなされるものです。具体的には、「被相続人が保険の契約者で、相続人が受取人となる生命保険」、「被相続人の死亡後3年以内に支給が決まった死亡退職金」等があります。これらは、生命保険金と死亡退職金には、所定の非課税枠があります。

生命保険金・死亡退職金の非課税枠＝500万円×法定相続人の数

⇨ P200　生命保険の利点について

3 相続税の基礎控除額を確認しましょう

なるべく早く 相続税の基礎控除額がいくらなのか、実際に計算してみましょう。

基礎控除額は法定相続人の人数によって決まる

基礎控除額は3,000万円＋600万円×法定相続人の数です。たとえば法定相続人が3人ならば、基礎控除額は3,000万円+600万円×3人＝4,800万円です。

基礎控除額＝3,000万円+600万円×法定相続人の数

メモ 法定相続人の数について

相続税の計算をする場合、次の4項目については、法定相続人の数を基に行います。①相続税の基礎控除額、②生命保険金の非課税金額、③死亡退職金の非課税金額、④相続税の総額の計算。

これらの計算をするときの法定相続人の数に含める養子の数は、被相続人に実子がいる場合1人まで、実子がいない場合は2人までとなります。なお、民法上は、養子は何人いてもよく、法定相続分も実子と同じです。

4 相続税額を計算しましょう

なるべく早く　相続税の計算は、次の3つのステップで行います。①課税遺産総額→②相続税の総額→③各人の相続税額。

●その1　課税遺産総額を計算します。

1 法定相続人
- 配偶者
- 子（A）
- 子（B）

2 法定相続分

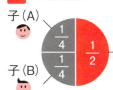

3 財産額
8,800万円

4 基礎控除額
3,000万円＋600万円×3人
＝4,800万円

5 課税遺産総額
8,800万円（**3**）－4,800万円（**4**）
＝4,000万円

●その2　相続税の総額を計算します。

課税遺産総額を相続人が、法定相続分で分けて取得したとして計算します。

課税遺産総額×それぞれの法定相続分の割合＝取得金額

（計算例）

配偶者……4,000万円×$\frac{1}{2}$＝2,000万円

子（A）……4,000万円×$\frac{1}{4}$＝1,000万円

子（B）……4,000万円×$\frac{1}{4}$＝1,000万円

以下の「相続税の税率(速算表)」をもとに、
前ページで計算したそれぞれの金額に対する税率をかけた後、
「相続税の税率(速算表)」の控除額を引きます。

それぞれの取得金額×税率－控除額＝それぞれの仮の相続税額

(計算例)
 配偶者……2,000万円×15%－50万円＝250万円①

 子(A)……1,000万円×10%＝100万円②

 子(B)……1,000万円×10%＝100万円③

①＋②＋③＝相続税の総額

● その3　各人の相続税額を計算します。

相続税の総額に、各人が実際に相続した財産の割合(按分割合)をかけて、各人の相続税額を計算します。

妻が60%、子(A)が30%、子(B)が10%の割合で財産を相続した場合。

(計算例)
 配偶者……450万円×60%＝270万円

 子(A)　……450万円×30%＝135万円

 子(B)　……450万円×10%＝45万円

● 相続税の税率(速算表)

法定相続分に応じた取得金額		税率	控除額
1,000万円以下		10%	－
1,000万円超	3,000万円以下	15%	50万円
3,000万円超	5,000万円以下	20%	200万円
5,000万円超	1億円以下	30%	700万円
1億円超	2億円以下	40%	1,700万円
2億円超	3億円以下	45%	2,700万円
3億円超	6億円以下	50%	4,200万円
6億円超		55%	7,200万円

メモ 一覧でわかる相続税額の早見表

●配偶者がいる場合の相続税額(一次相続)

相続財産 (基礎控除額控除前)	子どもの数		
	1人	2人	3人
5,000万円	40万円	10万円	0円
1億円	385万円	315万円	262万5000円
2億円	1,670万円	1,350万円	1,217万5000円
3億円	3,460万円	2,860万円	2,540万円
4億円	5,460万円	4,610万円	4,155万円
5億円	7,605万円	6,555万円	5,962万5000円
6億円	9,855万円	8,680万円	7,837万5000円
7億円	1億2,250万円	1億870万円	9,885万円
8億円	1億4,750万円	1億3,120万円	1億2,135万円
9億円	1億7,250万円	1億5,435万円	1億4,385万円
10億円	1億9,750万円	1億7,810万円	1億6,635万円

※配偶者の税額軽減を法定相続分まで活用するものとします。

●配偶者がいない場合の相続税額（二次相続）

相続財産 （基礎控除額控除前）	子どもの数		
	1人	2人	3人
5,000万円	160万円	80万円	20万円
1億円	1,220万円	770万円	630万円
2億円	4,860万円	3,340万円	2,460万円
3億円	9,180万円	6,920万円	5,460万円
4億円	1億4,000万円	1億920万円	8,980万円
5億円	1億9,000万円	1億5,210万円	1億2,980万円
6億円	2億4,000万円	1億9,710万円	1億6,980万円
7億円	2億9,320万円	2億4,500万円	2億1,240万円
8億円	3億4,820万円	2億9,500万円	2億5,740万円
9億円	4億320万円	3億4,500万円	3億240万円
10億円	4億5,820万円	3億9,500万円	3億5,000万円

5 相続税の税額控除と2割加算を確認しましょう

なるべく早く 相続税には配偶者、未成年者、障害者の税額を軽減する等の税額控除があります。また、配偶者・子・父母以外の人が財産を相続または遺贈により取得した場合には、相続税が2割加算されます。

相続税から控除できるもの（税額控除）

① **贈与税額控除**……亡くなった人から、相続開始前3年以内に贈与を受けた財産は、相続財産にプラスした上で、納めた贈与税があれば相続税から差し引くことができます。

② **配偶者の税額軽減**……配偶者については、1億6,000万円か法定相続分のどちらか大きい金額までの財産なら相続税がかからず相続できます。申告期限までに遺産分割ができていることが要件です。この特例を使えば相続税がかからないという場合でも、相続税の申告はする必要があります。

③ **未成年者控除**……相続人が未成年者だった場合、一定の金額を相続税から差し引くことができます。

　　10万円×（20歳ー相続開始時の年齢）

④ **障害者控除**……相続人が障害者だった場合、一定の金額を相続税から差し引くことができます。

　　一般障害者　10万円×（85歳ー相続開始時の年齢）
　　特別障害者　20万円×（85歳ー相続開始時の年齢）

⑤ **相次相続控除**……10年以内に2回の相続があった場合、1回目にかかった相続税の一部を、2回目の相続税から差し引くことができます。

⑥ **外国税額控除**……外国にある財産について相続税がかかった場合には、二重課税を防ぐため、一定の金額を控除できます。

相続税の2割加算とは

　配偶者・子・父母以外の人（兄弟姉妹、甥・姪、孫など）が相続または遺贈により財産を取得した場合には、相続税が2割増しになります。孫養子は、2割加算の対象になりますが、孫が代襲相続人である場合には、2割加算の対象にはなりません。

●配偶者の税額軽減・未成年者控除の計算例として…

相続人＝妻、子（13歳）／財産額：9,800万円

※妻が8,820万円（90％）、子が980万円（10％）を相続する。

①課税遺産総額を法定相続分で分けたものと仮定する

課税価格の合計額 9,800万円

課税遺産総額　5,600万円	基礎控除額　4,200万円	3,000万円＋600万円×2＝4,200万円

妻：5,600万円×法定相続分1/2＝2,800万円

子：5,600万円×法定相続分1/2＝2,800万円

②①に相続税の税率をかける

妻：2,800万円×15％－50万円＝370万円　｝相続税の総額
子：2,800万円×15％－50万円＝370万円　　740万円

③②を実際の相続割合であん分する

妻：740万円×0.9＝666万円
子：740万円×0.1＝74万円

④各人の相続税を計算する

妻：666万円－666万円（配偶者の税額軽減）＝0円
子：74万円－70万円（未成年者控除※）＝4万円

※未成年者控除 10万円×7年（20歳になるまでの年数）＝70万円

6 土地の評価額を計算してみましょう

なるべく早く 土地（宅地）は、路線価方式、または倍率方式で評価額を計算します。

宅地について

　自宅や賃貸アパート、事務所用のビル等が建っている土地のことを宅地といいます。宅地の評価額については、路線価方式と倍率方式のいずれかで計算します。路線価方式は、路線価に面積をかけて評価する方法です。倍率方式は、固定資産税評価額に倍率をかけて評価額を求める方法です。路線価と倍率は、国税庁のウェブサイトに公表されています。

　固定資産税評価額は、固定資産税の納税通知書に同封されている「平成○○年度固定資産税・都市計画税課税明細書」に記載があります。

貸宅地の評価

人に貸して地代をもらっている宅地を貸宅地といいます。

自用地としての価額×（1－借地権割合※）

※借地権割合は、地域ごとに90％～30％と定められており、路線価図などで確認できます。

貸家建付地の評価

貸家や賃貸アパートの敷地を貸家建付地といいます。

自用地としての価額×（1－借地権割合×借家権割合※×賃貸割合）

※借家権割合は、一律30％です。すべて賃貸している場合、賃貸割合は100％。

●平成26年分、相続税の申告財産の種類別価額の内訳

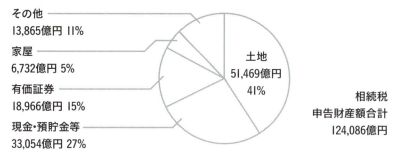

※相続財産のうち土地は4割ほどを占めます。自身でも大まかに土地の評価額を計算できるよう、路線価方式、倍率方式について確認していきましょう。

自宅の土地の評価方法を確認する

　まず、国税庁のウェブサイトの「評価倍率表」で、自宅の町名を探します。

「固定資産税評価額に乗ずる倍率等」の「宅地」という欄を確認します。

・「路線」と書かれていたら、路線価方式で評価します。

・「1.1」など倍率が書かれていたら倍率方式で評価します。

路線価方式で評価する

　市街地にある宅地は、その宅地が面している道路につけられた路線価に、面積をかけて評価額を計算します。路線価とは、その道路に面する標準的な宅地の1m²あたりの価額のことです。その年の路線価は、毎年7月に国税庁ウェブサイトで発表されます。たとえば、1月に亡くなっても、7月にその年分の路線価を確認するまで申告ができないため、注意が必要です。

　路線価は、国土交通省が公表している、毎年1月1日現在の土地の価格（公示価格）の約8割の水準になるように設定されています。また、土地の奥行が短い（長い）場合、標準的な形の土地でない場合、事情を加味して、補正率で調整を行います。

[例]　33万円　×　　0.97　　×　100.00m² ＝　3,201万円
　　　路線価　奥行価格補正率　　面積　　　　評価額

● 路線価図の見方について

倍率方式で評価する

市街地から離れた地域の宅地は、固定資産税評価額に倍率をかけて評価額を計算します。

[例]　　　2,500万円　　×1.1　　=2,750万円
　　　　固定資産税評価額　　倍率　　評価額

●課税明細書の見方について

平成28年度固定資産税・都市計画税課税明細書

本年度課税された、1月1日現在あなたが所有している固定資産(土地・家屋)の明細をお知らせします。

土地の所在	登記地目	登記地積 ㎡	価格 円	固定前年度課標等 円	定前年度課標等 円
	現況地目	現況地積 ㎡	固定本則課税標準額 円	固定課税標準額 円	固定課税標準額 円
	非課税地目	非課税地積 ㎡	都計本則課税標準額 円	固定資産税(相当)額 円	固定資産税(相当)額 円
○○二丁目1番1	宅地	100.00	25,000,000		
	宅地	100.00	●●●●●●●		

土地の固定資産税評価額は、囲んである価格の枠内の金額になります。

7 小規模宅地等の特例について

原則として10か月以内 土地の評価額を求めたら、次に、その土地が小規模宅地等の特例の対象になるかを確認してみましょう。この特例を使うことができれば、一定の面積まで土地の課税価格が8割引きまたは5割引きになります。適用を受けるには要件がいろいろあります。

小規模宅地等の特例の対象になる土地について

基本的には亡くなる直前まで、故人の居住用または事業用だった土地が対象です。大きく3つに分かれます。

居住用	故人の自宅の敷地のうち、330m^2までの部分について80％減額
事業用	故人が店舗や事業のために使っていた土地のうち、400m^2までの部分について80％減額 （以下の賃貸用に当てはまる土地は除きます）
賃貸用	賃貸アパートの敷地、故人が有償で貸していた土地のうち、200m^2までの部分について50％減額

「居住用」と「事業用」は別枠で併用できるので、最大730m^2までが8割引きになります。「賃貸用」は別枠で併用できないので、面積の調整計算を行います。

小規模宅地等の特例の対象になる人とは

「居住用」「事業用」「賃貸用」を、次の要件に当てはまる人が相続または遺贈により取得した場合には、特例の適用を受けることができます。

●居住用の場合

・配偶者

・故人と同居していた親族（持ち続け、住み続けること）

・配偶者も同居親族もいない場合のみ、故人と別居していた親族で相続開始前3年以内に自分または配偶者の持ち家に住んでいなかった人（持ち続けること）。

　二世帯住宅で内部が行き来できない区分構造のものについても、特例の対象となりました。また、故人が老人ホームに入居していた場合であっても、①介護が必要なために入所したこと、②自宅を貸していなかったことの2つの要件を満たしていれば、特例の対象となりました。

●事業用、賃貸用の場合

・故人の親族（持ち続け、事業を続けること）

「持ち続ける」「住み続ける」「事業を続ける」。それぞれの要件に当てはまる必要があるのは、相続税の申告期限である亡くなってから10か月後までです。

メモ　親族について

「親族」とは、配偶者、6親等内の血族、もしくは3親等内の姻族のことです。相続人以外の親族でも、この特例の適用は受けられます。

特例を使うためには、相続税の申告書を提出する

　この特例の適用を受けるためには相続税の申告書を、税務署に提出する必要があります。

　小規模宅地の特例を使って計算すれば相続税がかからないという場合であっても、相続税の申告はしなければなりません。「相続税がかからない＝何もしなくてもよい」と勘違いする人が多いのですが、そうではありません。

特例を使うためには、申告期限までに遺産分割協議をまとめる

　要件を満たす人が相続した場合にしか、この特例は使うことができません。相続税の申告期限までに、誰がその土地を相続するのかを決めなければならないのです。

　亡くなった方の財産すべてについての遺産分割協議がまとまらなかったとしても、特例の対象になる土地についてだけでも、誰が相続するのかが決まれば、特例は使うことができます。

　しかし、それも難しい場合には、特例を使わずに相続税を計算して申告書と申告期限後3年以内の分割見込書を、申告期限までに税務署に提出し、相続税を多めに納めます。

　3年以内に遺産分割協議がまとまれば、「更正の請求」をすることにより、特例の適用を受け税金を返してもらうことができます。

小規模宅地等の特例の計算例

たとえば、故人の自宅の土地と家屋は同居していた長女が相続し、相続税の申告期限まで持ち続け、住み続けた場合。

◎土地

① 相続税評価額 8,000万円

② 小規模宅地等の特例による減額の金額

$8,000万円 \times \dfrac{330m^2}{440m^2} = 6,000万円$

$6,000万円 \times 0.8 = 4,800万円$

③ ①－②＝3,200万円

```
　　　　家屋
　　固定資産税評価額
　　　1,000万円

　　土地 440m²
相続税評価額 8,000万円
```

メモ 生計を一にする親族の居住用の宅地

親が所有する土地の上に、親と「生計を一にしていた」子どもが住んでいた場合にも居住用の80％減額の対象となります。「生計を一にする」とは、被相続人と相続人が日常生活で、同じ家計で生活している状態のことを言います。必ずしも同居を要件とするものではありません。

たとえば、勤務、修学、療養費等の都合上別居している場合であっても、余暇には起居を共にすることを常例としている場合や、常に生活費、学資金、療養費等の送金が行われている場合には、「生計を一にする」ものとして取り扱われます。

8 家屋の評価を確認しましょう

なるべく早く　家屋は、固定資産税評価額を元に評価します。

家屋の評価

家屋の評価は

固定資産税評価額×1.0

となります。

固定資産税評価額は、固定資産評価証明書で確認できます。

● 固定資産評価証明書

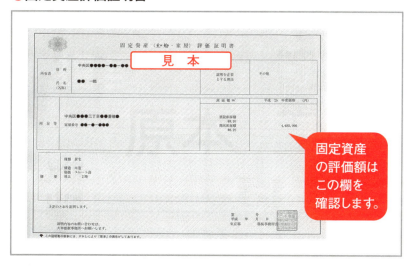

固定資産の評価額はこの欄を確認します。

貸家の評価

貸家の評価は

自用家屋としての評価額×0.7

となります。

9 上場株式の評価額について

なるべく早く 上場株式とは、東京証券取引所をはじめとした金融商品取引所に上場されている株式のことです。各取引所が公表している課税時期（亡くなった日）の最終価格等によって評価します。

上場株式の評価方法

　上場株式は、故人が亡くなった日の最終価格を基準とします。仮に、課税時期が休日の場合は、課税時期に一番近い日の最終価格を使います。

　ただし、上場株式の株価は大きく変動する可能性があります。そのため「亡くなった月」「その前月」「その前々月」の毎日の最終価格の平均額を「課税時期の最終価格」と比較して、4つの価格のうちもっとも低い価格を使うことができます。

●上場株式の評価明細書

①～④のうち、最も低い価格を評価額として使います。

10 非上場株式の評価額について

なるべく早く 取引相場のない非上場株式については、①誰がその株式を相続するか、および②会社の規模によって、評価方式が異なります。

相続する人は、同族株主となるのかどうか

株式を相続する人が、会社に対する支配力が強いオーナー一族等の同族株主であるならば、会社の利益や純資産等をもとにした「原則的評価方式」で評価します。また、支配力が弱い少数株主であるならば、配当だけをもとにした「特例的評価方式（配当還元方式）」で評価します。

同族株主であるかどうかについては、自分と親族のグループの議決権割合が、30％以上かどうかで判断します。ただし50％超のグループがいるときには50％超のグループだけが同族株主になります。

原則的評価方式

原則的評価方式には「類似業種比準方式」「純資産価額方式」「両方の併用方式」の3つの方式があります。どれに当てはまるかは、従業員数、総資産価額、年間取引金額により、会社の規模ごとに判断します。

- 大会社　　類似業種比準方式
- 中会社　　類似業種比準方式と純資産価額方式の併用方式
- 小会社　　純資産価額方式

特例的評価方式

少数株主が取得した株式は、会社の規模にかかわらず、直近2年間の配当金額をもとにした配当還元方式で評価します。

●会社規模の判定方法

判定をするために、まず従業員数の基準Ⓐと総資産価額Ⓑを比較して、いずれか小さい方の規模に当てはめます。

さらにⒶとⒷの比較の結果と、年取引金額の基準Ⓒとを比較して、いずれか大きい方の会社規模を判定します。

会社規模		大会社	中会社			小会社
			大	中	小	
従業員数Ⓐ		100人以上	50人超100人未満	30人超50人以下	5人超30人以下	5人以下
総資産価額（帳簿価額）Ⓑ	卸売業		20億円以上	14億円以上	7億円以上	7,000万円以上	7,000万円未満
	小売・サービス業		10億円以上	7億円以上	4億円以上	4,000万円以上	4,000万円未満
	上記以外		10億円以上	7億円以上	4億円以上	5,000万円以上	5,000万円未満
年取引金額Ⓒ	卸売業		80億円以上	50億円以上	25億円以上	2億円以上	2億円未満
	小売・サービス業		20億円以上	12億円以上	6億円以上	6,000万円以上	6,000万円未満
	上記以外		20億円以上	14億円以上	7億円以上	8,000万円以上	8,000万円未満

●非上場株式の評価方法
……原則的評価方式

会社の規模		評価方法
大会社		類似業種比準価額 ※純資産価額のほうが低ければ、純資産価額
中会社	大	類似業種比準価額×0.9＋純資産価額×0.1
	中	類似業種比準価額×0.75＋純資産価額×0.25
	小	類似業種比準価額×0.6＋純資産価額×0.4
小会社		A 純資産価額 B 類似業種比準価額×0.5＋純資産価額×0.5 ※AとBのいずれか低いほう

【類似業種比準方式とは】……業種の類似した上場会社の株価に、その上場会社と評価会社の配当、利益金額、純資産の3要素を比準させて出した割合を乗じて評価額を算出する方式。

【純資産価額方式とは】……相続税評価額で評価した資産の額から、負債の額、および法人税相当額を控除した金額を、発行済株式数で除して評価額を算出する方式。

……特例的評価方式（配当還元方式）

年配当金額／10％　×　1株あたりの資本金等の額／50円

年配当金額は直前期末以前2年間の平均とします。また、1株あたりの資本金の額は1株50円換算で計算します。

11 相続税の申告書を作成してみましょう

原則として10か月以内 一般的に、相続税の申告については、税理士に一任する方が少なくありません。相続税の申告書のように複雑な書面を、正確に迅速に対応してくれるのはもちろん、相続税の節税についての詳細など専門的な知識に頼ることで、手間も時間も節約することができます。ここでは申告書の作成について解説しますが、何らかの理由があって自ら申告したい人でなければ、税理士に依頼することをお勧めします。

相続税を申告する必要がある人

第1表「⑥課税価格」が、その下の「遺産に係る基礎控除額」を超える場合には、相続税の申告書を提出し、相続税を納める義務があります。

1億6,000万円か法定相続分のどちらか大きい財産額までなら配偶者が無税で相続できる「配偶者の税額軽減」や、故人が自宅等に使っていた土地で、課税価格が8割または5割減額される「小規模宅地等の特例」を使えば相続税を納める必要のない人等も、特例の適用を受けるには、申告書を提出する必要があります。申告・納税の期限は、相続の開始があったことを知った日（通常は故人が亡くなった日）の翌日から10か月以内です。

申告方法

相続税の申告書は、相続人等申告義務のある人全員が、共同で1通の申告書を作成し、同じ書類に記名・押印した上で、被相続人の死亡時の住所地の所轄税務署に提出します。

●**相続税の申告書の記入順序について**

　相続税の申告書は、図の矢印の順で、必要なものだけを作成します。第11表によって課税財産を集計し、第2表で計算した相続税の総額を、第1表「相続税の申告書」によって各人にあん分します。

　実際には、これらの計算書や明細書に記載した金額の根拠となる資料も税務署に提出しなければなりません。

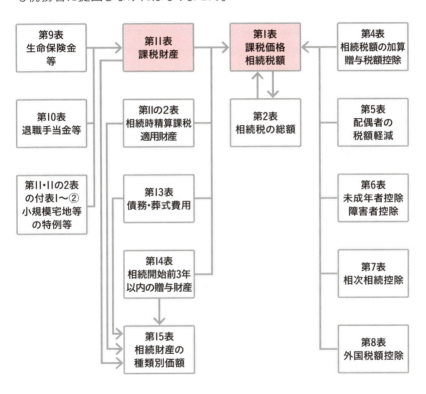

● 第1表（相続税の申告書）

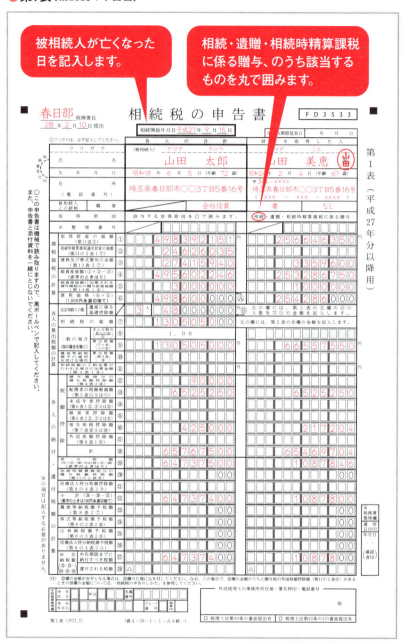

● **第2表（相続税の総額の計算書）**

相続税の総額の計算書

被相続人　山田 太郎

第2表（平成27年分以降用）

この表は、第1表及び第3表の「相続税の総額」の計算のために使用します。
なお、被相続人から相続、遺贈や相続時精算課税に係る贈与によって財産を取得した人のうちに農業相続人がいない場合は、この表の④欄及び⑤欄並びに⑨欄から⑪欄までは記入する必要がありません。

吹き出し：第1表の⑥の欄から転記します。
吹き出し：法定相続人の数を記入します。

① 課税価格の合計額
（第1表⑥Ⓐ）498,600,000 円
（第3表⑥Ⓐ）　　　,000

② 遺産に係る基礎控除額
3,000万円 +（600万円 × Ⓐの法定相続人の数 3）= Ⓑ 4,800 万円

③ 課税遺産総額
（⊖−◯）450,600,000 円
Ⓑの人数及びⒸの金額を第1表⑧へ転記します。

④ 法定相続人（（注）1参照）		⑤ 左の法定相続人に応じた法定相続分	第1表の「相続税の総額⑦」の計算		第3表の「相続税の総額⑦」の計算	
氏　名	被相続人との続柄		⑥ 法定相続分に応ずる取得金額（Ⓒ×⑤）（1,000円未満切捨て）	⑦ 相続税の総額の基となる税額 下の「速算表」で計算します。	⑨ 法定相続分に応ずる取得金額（Ⓗ×⑤）（1,000円未満切捨て）	⑩ 相続税の総額の基となる税額 下の「速算表」で計算します。
山田 美恵	妻	1/2	225,300,000	74,385,000	,000	
山田 一郎	長男	1/2×1/2=1/4	112,650,000	28,060,000	,000	
渡辺 幸子	長女	1/2×1/2=1/4	112,650,000	28,060,000	,000	
			,000		,000	
			,000		,000	
			,000		,000	
			,000		,000	
法定相続人の数	Ⓐ 3 人	合計 1	⑧ 相続税の総額（⑦の合計額）（100円未満切捨て）130,505,000		⑪ 相続税の総額（⑩の合計額）（100円未満切捨て） 00	

吹き出し：以下の「相続税の速算表」を確認し、⑥の欄の取得金額に応じた税額を計算して記入します。

(注) 1 ④欄の記入に当たっては、被相続人に養子がある場合や相続の放棄があった場合には、「相続税の申告のしかた」をご覧ください。
2 ⑧欄の金額を第1表⑦欄へ転記します。財産を取得した人のうちに農業相続人がいる場合は、⑧欄の金額を第1表⑦欄へ転記するとともに、⑪欄の金額を第3表⑦欄へ転記します。

左側注記：○ この表を修正申告書の第2表として使用するときは、⑧欄には修正申告書第1表の⑦Ⓐの金額を記入し、⑪欄には修正申告書第3表の⑦Ⓐの金額を記入します。

相続税の速算表

法定相続分に応ずる取得金額	10,000千円以下	30,000千円以下	50,000千円以下	100,000千円以下	200,000千円以下	300,000千円以下	600,000千円以下	600,000千円超
税　率	10%	15%	20%	30%	40%	45%	50%	55%
控除額	− 千円	500千円	2,000千円	7,000千円	17,000千円	27,000千円	42,000千円	72,000千円

この速算表の使用方法は、次のとおりです。
⑥欄の金額 × 税率 − 控除額 = ⑦欄の税額　　⑨欄の金額 × 税率 − 控除額 = ⑩欄の税額
例えば、⑥欄の金額30,000千円に対する税額（⑦欄）は、30,000千円×15%−500千円=4,000千円です。

○連帯納付義務について
相続税の納付については、各相続人等が相続、遺贈や相続時精算課税に係る贈与により受けた利益の価額を限度として、お互いに連帯して納付しなければならない義務があります。

第2表（平27.7）　　　　　　　　　　　　　　　　　　　　　　　　　　　　（資4−20−3−A4統一）

●第4表(相続税額の加算金額の計算書、暦年課税分の贈与税額控除額の計算書)

| 相続税額の加算金額の計算書 暦年課税分の贈与税額控除額の計算書 | | 被相続人 | 山田 太郎 | | 第4表(平成27年分以降用) |

1 相続税額の加算金額の計算書

この表は、相続、遺贈や相続時精算課税に係る贈与によって財産を取得した人のうちに、被相続人の一親等の血族(代襲して相続人となった直系卑属を含みます。)及び配偶者以外の人がいる場合に記入します(相続や遺贈により取得した財産のうちに、相続税特別措置法第70条の2の3(直系尊属から結婚・子育て資金の一括贈与を受けた場合の贈与税の非課税)第10項第2号に規定する管理残額がある人は、第4表の付表を作成します。)。
(注)一親等の血族であっても相続税額の加算の対象となる場合があります。詳しくは「相続税の申告のしかた」をご覧ください。

加算の対象となる人の氏名					
各人の税額控除前の相続税額 (第1表⑨又は第1表⑩の金額)	①	円	円	円	円
相受続開等に続与開始時の精日変え算日変え算課算に係る贈与によって取得した財産の価額	②				
被相続人から相続、遺贈や相続時精算課税に係る贈与によって取得した財産などで相続税の課税価格に算入された財産の価額 (第1表①+第1表②+第1表⑤)	③				
加算の対象とならない相続税額 (①×②÷③)	④				
管理残額がある場合	加算の対象とならない相続税額 (第4表の付表⑦の金額)	⑤				
相続税額の加算金額 (①×0.2) (注) 上記②~⑤の金額がある場合には、 (①-④-⑤)×0.2)となります。	⑥	円	円	円	円

(注) 各人の⑥欄の金額を第1表のその人の「相続税額の2割加算が行われる場合の加算金額⑪」欄に転記します。

2 暦年課税分の贈与税額控除額の計算書

この表は、第14表の「1 純資産価額に加算される暦年課税分の贈与財産価額及び特定贈与財産価額の明細」欄に記入した財産のうち相続税の課税価格に加算されるものについて、贈与税額控除額を計算する場合に記入します。

	控除を受ける人の氏名		渡辺 幸子			
相続開始の年の前年分	相続開始の年の前年中に暦年課税に係る贈与によって取得した財産の価額の合計額(贈与税の配偶者控除後の金額)	①	円	円	円	円
	①のうち被相続人から暦年課税に係る贈与によって取得した財産の価額の合計額(贈与税額の計算の基礎となった価額)	②				
	その年分の暦年課税分の贈与税額	③	00	00	00	00
	控除を受ける贈与税額 (③×②÷①)	④				
	贈与税の申告書の提出先		税務署	税務署	税務署	税務署
相続開始の年の前々年分	相続開始の年の前々年中に暦年課税に係る贈与によって取得した財産の価額の合計額(贈与税の配偶者控除後の金額)	⑤	2,000,000 円	円	円	円
	⑤のうち被相続人から暦年課税に係る贈与によって取得した財産の価額の合計額(贈与税額の計算の基礎となった価額)	⑥	2,000,000			
	その年分の暦年課税分の贈与税額	⑦	90,0 00	00	00	00
	控除を受ける贈与税額 (⑦×⑥÷⑤)	⑧	90,000			
	贈与税の申告書の提出先		税務署	税務署	税務署	税務署
相続開始の年の前々々年分	相続開始の年の前々々年中に暦年課税に係る贈与によって取得した財産の価額の合計額(贈与税の配偶者控除後の金額)	⑨	円	円	円	円
	⑨のうち相続開始の日からさかのぼって3年前の日以前に被相続人から暦年課税に係る贈与によって取得した財産の価額の合計額(贈与税額の計算の基礎となった価額)	⑩				
	その年分の暦年課税分の贈与税額	⑪	00	00	00	00
	控除を受ける贈与税額 (⑪×⑩÷⑨)	⑫				
	贈与税の申告書の提出先		税務署	税務署	税務署	税務署
暦年課税分の贈与税額控除額計 (④+⑧+⑫)		⑬	90,000 円	円	円	円

(注) 各人の⑬欄の金額を第1表のその人の「暦年課税分の贈与税額控除額⑫」欄に転記します。

●第5表（配偶者の税額軽減額の計算書）

配偶者の税額軽減額の計算書

被相続人　山田　太郎

第5表（平成21年4月分以降用）

私は、相続税法第19条の2第1項の規定による配偶者の税額軽減...

1　一般の場合

この表は、①被相続人から相続、遺贈や相続時精算課税...相続人がいない場合又は②配偶者が農業相続人である場合...

課税価格の合計額のうち配偶者の法定相続分相当額

（第1表の④の金額）
498,600,000円 × 1/2 ＝ 249,300,000円

上記の金額が16,000万円に満たない場合には、16,000万円

→ 249,300,000

吹き出し：**第1表の⑥の欄から転記します。**

吹き出し：**配偶者の法定相続分を記入します。**

配偶者の税額軽減額を計算する場合の課税価格	①分割分の価額（第11表の配偶者の①の金額）	分割財産の価額から控除する債務及び葬式費用の金額		⑤純資産価額に加算される暦年課税分の贈与財産価額（第1表の配偶者の⑤の金額）	⑥（①−④＋⑤）の金額（⑤の金額より小さいときは⑤の金額）(1,000円未満切捨て)
		②債務及び葬式費用の金額（第1表の配偶者の③の金額）	③未分割財産の価額（第11表の配偶者の②の金額）	④（②−③）の金額（③の金額が②の金額より大きいときは0）	
円	256,646,350 円	3,359,600 円	円	3,359,600 円	1,000,000 円	※ 254,286,000 円

⑦相続税の総額（第1表の⑦の金額）	⑧④の金額と⑥の金額のうちいずれか少ない方の金額	⑨課税価格の合計額（第1表の④の金額）	⑩配偶者の税額軽減の基となる金額（⑦×⑧÷⑨）
130,505,000 円	249,300,000 円	498,600,000 円	65,252,500 円

配偶者の税額軽減の限度額	（第1表の配偶者の⑨又は⑩の金額）（第1表の配偶者の⑫の金額）		⑪
	(66,557,550 円 − 0 円)		66,557,550 円

配偶者の税額軽減額	(⑩の金額と⑪の金額のうちいずれか少ない方の金額)	⑫
		65,252,500 円

吹き出し：**第1表の⑦の欄から転記します。**

吹き出し：**この「配偶者の税額軽減額」を第1表の13の欄へ転記します。**

（注）⑫の金額を第1表の配偶者の「配偶者の税額軽減額⑬」欄に転記します。

2　...の場合

この表は、被相続人から相続、遺贈や相続時精算課税に係る贈与によって財産を取得した人のうちに農業相続人...

課税価格の合計額のうち配偶者の法定相続分相当額

（第1表の④の金額）（配偶者の法定相続分）
　　　　,000円 ×　＝　,000円

上記の金額が16,000万円に満たない場合は...

配偶者の税額軽減額を計算する場合の課税価格	⑪分割財産の価額（第11表の配偶者の①の金額）	分割財産の価額から控除する債務及び葬式費用の金額		⑮純資産価額に加算される暦年課税分の贈与財産価額（第1表の配偶者の⑤の金額）	⑯（⑪−⑭＋⑮）の金額（⑮の金額より小さいときは⑮の金額）(1,000円未満切捨て)
		⑫債務及び葬式費用の金額（第1表の配偶者の③の金額）	⑬未分割財産の価額（第11表の配偶者の②の金額）	⑭（⑫−⑬）の金額（⑬の金額が⑫の金額より大きいときは0）	
円	円	円	円	円	円	※ ,000 円

⑰相続税の総額（第3表の⑦の金額）	⑱⑯の金額と⑯の金額のうちいずれか少ない方の金額	⑲課税価格の合計額（第3表の④の金額）	⑳配偶者の税額軽減の基となる金額（⑰×⑱÷⑲）
00 円	円	,000 円	円

配偶者の税額軽減の限度額	（第1表の配偶者の⑩の金額）（第1表の配偶者の⑫の金額）		㉑
	(円 − 円)		円

配偶者の税額軽減額	(⑳の金額と㉑の金額のうちいずれか少ない方の金額)	㉒
		円

（注）㉒の金額を第1表の配偶者の「配偶者の税額軽減額⑬」欄に転記します。

※ 相続税法第19条の2第5項《隠蔽又は仮装があった場合の配偶者の相続税額の軽減の不適用》の規定の適用があるときには、「課税価格の合計額のうち配偶者の法定相続分相当額」の（第1表の④の金額）、⑥、⑨、「課税価格の合計額のうち配偶者の法定相続分相当額」の（第3表の④の金額）、⑯、⑰及び⑲の各欄は、第5表の付表で計算した金額を転記します。

第5表（平27.7）　　　　　　　　　　　　　　　　　　　　　（資4−20−6−1−A4統一）

6　相続税の申告に関する手続きについて

●第9表（生命保険などの明細書）

生命保険金などの明細書

被相続人： 山田 太郎

第9表（平成21年4月分以降用）

1 相続や遺贈によって取得したものとみなされる保険金など

この表は、相続人やその他の人が被相続人から相続や遺贈によって取得したものとみなされる生命保険金、損害保険契約の死亡保険金及び特定の生命共済金などを受け取った場合に、その受取金額などを記入します。

保険会社等の所在地	保険会社等の名称	受取年月日	受取金額	受取人の氏名
新宿区○○2丁目×番	○○生命保険(株)	27・11・15	29,629,483 円	山田 一郎
〃	〃	27・11・15	5,000,000	〃
千代田区○○1丁目×番	××生命保険(株)	27・11・18	10,000,000	〃
中央区○○2丁目×番	△△生命保険(株)	27・11・30	20,000,000	渡辺 幸子
中央区○○1丁目×番	(株)□□生命保険	27・12・2	10,768,125	〃

(注) 1 相続人（相続の放棄をした人を除きます。以下同じ。）が取得した保険金などは、受取金額が非課税となりますので、その人は、次の2の該当欄に……
2 相続人以外の人が受け取った保険……た金額そのままを第11表の「財産の明細」……
3 相続時精算課税適用財産は含まれ……

> 全体の非課税限度額を、それぞれが実際に受け取った金額であん分して、それぞれの非課税金額を計算します。

2 課税される金額の計算

この表は、被相続人の死亡によって相続……

> 法定相続人の数を記入します。

〔第2表の①の法定相続人の数〕

500万円 × 3 人 により計算した金額を右の④に記入します。

Ⓐ 15,000,000 円

受け取った相続人の氏名	① 受け取った保険金などの金額	② 非課税金額 $\left(Ⓐ \times \dfrac{各人の①}{Ⓑ}\right)$	③ 課税金額 (①－②)
山田 一郎	44,629,483 円	8,878,826 円	35,750,657 円
渡辺 幸子	30,768,125	6,121,174	24,646,951
合　計	Ⓑ 75,397,608	15,000,000	60,397,608

(注) 1 Ⓑの金額がⒶの金額より少ないときは、各相続人の①欄の金額がそのまま②欄の非課税金額となりますので、③欄の課税金額は0となります。
2 ③欄の金額を第11表の「財産の明細」の「価額」欄に転記します。

●第10表（退職手当金などの明細書）

退職手当金などの明細書

被相続人　山田 太郎

第10表（平成21年4月分以降用）

1　相続や遺贈によって取得したものとみなされる退職手当金など

この表は、相続人やその他の人が被相続人から相続や遺贈によって取得したものとみなされる退職手当金、功労金、退職給付金などを受け取った場合に、その受取金額などを記入します。

勤務先会社等の所在地	勤務先会社等の名称	受取年月日	退職手当金などの名称	受取金額	受取人の氏名
文京区○○ 1丁目3番5号	○○商事（株）	27・11・10	退職金	40,000,000 円	山田 美恵
〃	〃	27・11・10	功労金	5,000,000	〃
		・　・			
		・　・			
		・　・			

(注)　1　相続人（相続の放棄をした人を除きます。以下同じです。）が受け取った退職手当金などのうち一定の金額は非課税となりますので、その人は、次の2の該当欄に非課税となる金額と課税される金額とを記入します。
　　　2　相続人以外の人が受け取った退職手当金などについては、非課税となる金額はありませんので、その人は、その受け取った金額そのままを第11表の「財産の明細」の「価額」の欄に転記します。

2　課税される金額の計算

この表は、被相続人の死亡によって相続人が退職手当金などを受け取った場合に、記入します。

退職手当金などの非課税限度額	（５００万円×[第2表のⒶの法定相続人の数] 3 人 により計算した金額を右のⒶに記入します。）	Ⓐ 15,000,000 円

退職手当金などを受け取った相続人の氏名	① 受け取った退職手当金などの金額	② 非課税金額 $\left(Ⓐ \times \dfrac{各人の①}{Ⓑ}\right)$	③ 課税金額 （①－②）
山田 美恵	45,000,000 円	15,000,000 円	30,000,000 円
合　計	Ⓑ 45,000,000	15,000,000	30,000,000

> 相続を放棄した人や相続権を失った人は、除かれます。

(注)　1　Ⓑの金額がⒶの金額より少ないときは、各相続人の①欄の金額がそのまま②欄の非課税金額となりますので、③欄の課税金額は0となります。
　　　2　③欄の金額を第11表の「財産の明細」の「価額」欄に転記します。

第10表(平27.7)　　　　　　　　　　　　　　　　　　　　　　　　　　　（資4－20－11－A4統一）

6　相続税の申告に関する手続きについて

● 第11表（相続税がかかる財産の明細書）

> 遺産の分割の状況に応じて、該当する数字に○印を付けます。

相続税がかかる財産の明細書
（相続時精算課税適用財産を除きます。）

被相続人　山田　太郎

第11表（平成21年4月分以降用）

この表は、相続や遺贈によって取得した財産及び相続や遺贈によって取得したものとみなされる財産のうち、相続税のかかるものについての明細を記入します。

遺産の分割状況	区　分	① 全部分割	2 一部分割	3 全部未分割
	分割の日	27・12・10	・　・	・　・

財産の明細							分割が確定した財産	
種類	細目	利用区分、銘柄等	所在場所等	数量 固定資産税評価額	単価 倍数	価額	取得した人の氏名	取得財産の価額
土地	宅地	自用地（居住用）	春日部市○○○ 3丁目5番16号	165.00㎡	11・11の2表の付表1のとおり 円	12,870,000 円	山田美恵	(持分1/2) 6,435,000 円
							山田一郎	(持分1/2) 6,435,000
〃	〃	貸家建付地	春日部市○○○ 3丁目5番17号	150.00㎡	11・11の2表の付表1のとおり	30,810,000	山田美恵	30,810,000
〃	〃	貸家建付地	文京区○○ 1丁目3番5号	150.00㎡	236,340	35,451,000	山田美恵	35,451,000
〃	〃	自用地（未利用他）	春日部市○○ 2丁目3番4号	150.00㎡	280,000	42,000,000	〃	(持分2/3) 28,000,000
							渡辺幸子	(持分1/3) 14,000,000
〃	〃	貸家建付地	春日部市○○○ 1丁目1番	1,125.00㎡ (持分5,820)	380,000 (291,000)	8,550,000	〃	8,550,000
	(小計)					(129,681,000)		
〃	山林	普通山林	○○県○○郡 ○○町○○13番2	30,000.00㎡ 241,140	15	3,617,100	山田一郎	3,617,100
	(小計)					(3,617,100)		
((計))						((133,298,100))		
家屋	家屋(鉄コ 2・居宅)	自用家屋	春日部市○○○ 3丁目5番16号	120.00㎡ 3,874,960	1.0	3,874,960	山田美恵	3,874,960
〃	家屋(鉄コ 2・店舗)	貸家	春日部市○○○ 3丁目5番17号	93.00㎡ 3,389,270	0.7	2,372,489	〃	2,372,489
〃	家屋(鉄コ 3・店舗)	〃	文京区○○ 1丁目3番5号	184.50㎡ 8,548,002	0.7	5,983,601	〃	5,983,601
〃	家屋(鉄コ 10・居宅)	〃	春日部市○○ 1丁目1番(101号)	72.50㎡ 17,207,000	0.7	12,044,900	渡辺幸子	12,044,900
((計))						((24,275,950))		
有価証券	特定同族会社の株式（配当還元方式）(株)		春日部市○○○ 3丁目×番×号	1,000株	50	50,000	山田美恵	50,000
	(小計)					(50,000)		
〃	特定同族会社の株式（その他の方式）○○商事(株)		文京区○○ 1丁目3番5号	5,000株	13,800	69,000,000	山田美恵	69,000,000
	(小計)					(69,000,000)		

合計表	財産を取得した人の氏名	(各人の合計)					
	分割財産の価額 ①	円	円	円	円	円	円
	未分割財産の価額 ②						
	各人の取得財産の価額 ③ (①+②)						

(注) 1　「合計表」の各人の③欄の金額を第1表のその人の「取得財産の価額①」欄に転記します。
　　 2　「財産の明細」の「価額」欄は、財産の細目、種類ごとに小計及び計を付し、最後に合計を付して、それらの金額を第15表の①から㉘までの該当欄に転記します。

第11表(平27.7)

●第11表の2表（相続時精算課税適用財産の明細書）

相続時精算課税適用財産の明細書
相続時精算課税分の贈与税額控除額の計算書

被相続人　山田 太郎

第11の2表（平成24年4月分以降用）

この表は、被相続人から相続時精算課税に係る贈与によって取得した財産（相続時精算課税適用財産）がある場合に記入します。

1　相続税の課税価格に加算する相続時精算課税適用財産の課税価格及び納付すべき相続税額から控除すべき贈与税額の明細

番号	① 贈与を受けた人の氏名	② 贈与を受けた年分	③ 贈与税の申告書を提出した税務署の名称	④ ②の年分に被相続人から相続時精算課税に係る贈与を受けた財産の価額の合計額（課税価格）	⑤ ④の財産に係る贈与税額（贈与税の外国税額控除前の金額）	⑥ ⑤のうち贈与税額に係る外国税額控除額
1	山田一郎	平成26年分	春日部税務署	24,626,035 円	円	円
2						
3						
4						
5						
6						

> 利子税、延滞税及び加算税の額は含まれません。

贈与を受けた人ごとの相続時精算課税適用財産の課税価格及び贈与税額の合計額	氏名	（各人の合計）	山田一郎			
	⑦ 課税価格の合計額（④の合計額）	24,626,035 円	24,626,035 円	円	円	円
	⑧ 贈与税額の合計額（⑤の合計額）					
	⑨ ⑧のうち贈与税額に係る外国税額控除額の合計額（⑥の合計額）					

（注）1　相続時精算課税に係る贈与をした被相続人がその贈与をした年の中途に死亡した場合の③欄は「相続時精算課税選択届出書を提出した税務署の名称」を記入してください。
2　④欄の金額は、下記2の③の「価額」欄の金額に基づき記入します。
3　各人の⑦欄の金額を第1表のその人の「相続時精算課税適用財産の価額②」欄及び第15表のその人の㉙欄にそれぞれ転記します。
4　各人の⑧欄の金額を第1表のその人の「相続時精算課税分の贈与税額控除額㉚」欄に転記します。

2　相続時精算課税適用財産（1の④）の明細
（上記1の「番号」欄の番号に合わせて記入します。）

番号	① 贈与を受けた人の氏名	② 贈与年月日	③ 相続時精算課税適用財産の明細				
			種類	細目	利用区分、銘柄等	所在場所等	数量	価額
1	山田一郎	26.5.14	有価証券	特定同族会社の株式（その他の方式）	○○商事（株）	文京区○○1丁目3番5号	2,000株	14,625,000 円
1	山田一郎	26.5.14	現金預貯金	定期預金		○○銀行○○支店		10,001,035

（注）1　この明細は、被相続人である特定贈与者に係る贈与税の申告書第2表に基づき記入します。
2　③の「価額」欄には、被相続人である特定贈与者に係る贈与税の申告書第2表の「財産の価額」欄の金額を記入します。ただし、特定事業用資産の特例の適用を受ける場合には、第11・11の2表の付表3の⑦欄の金額と⑦欄の金額に係る第11・11の2表の付表3の2の⑨欄の金額の合計額を、特定計画山林の特例の適用を受ける場合には、第11・11の2表の付表4の「2　特定受贈森林経営計画対象山林である選択特定計画山林」の④欄の金額を記入します。

第11の2表（平27.7）　　　　（資4-20-12-2-A4統一）

6　相続税の申告に関する手続きについて

●第11・11の2表の付表1（小規模宅地等についての課税価格の計算明細書）

小規模宅地等についての課税価格の計算明細書　FD3545

被相続人　山田 太郎

> 特例の対象となり得る財産を取得した人全員の氏名を記入します。
> 特例の適用を受けない人の氏名もかならず記入してください。

氏名：山田 美恵　／　山田 一郎　／　渡辺 幸子

（「2 小規模宅地等の明細」の⑤欄で選択した宅地等）の全てが限度面積要件を満たしたものであることを確認の上、その取得者が小規模宅地等の特例の適用を受けることに同意します。

（注）
1. 小規模宅地等の特例の対象となり得る宅地等を取得した全ての人の同意がなければ、この特例の適用を受けることはできません。
2. 上記の各欄に記入しきれない場合には、第11・11の2表の付表1（続）を使用します。

2 小規模宅地等の明細

この欄は、小規模宅地等についての特例の対象となり得る宅地等を取得した人のうち、その特例の適用を受ける人が選択した小規模宅地等の明細等を記載し、相続税の課税価格に算入する価額を計算します。

「小規模宅地等の種類」欄は、選択した小規模宅地等の種類に応じて次の1〜4の番号を記入します。
小規模宅地等の種類：1 特定居住用宅地等、2 特定事業用宅地等、3 特定同族会社事業用宅地等、4 貸付事業用宅地等

小規模宅地等の種類		左欄	右欄
1〜4の番号を記入	① 特例の適用を受ける取得者の氏名〔事業内容〕	⑤ うち小規模宅地等（限度面積要件）を満たす宅地等の面積
	② 所在地番	⑥ ④のうち小規模宅地等（④×⑨）の価額
	③ 取得者の持分に応ずる宅地等の面積	⑦ 課税価格の計算に当たって減額される金額（⑥×⑨）
	④ 取得者の持分に応ずる宅地等の価額	⑧ 課税価格に算入する価額（④−⑦）

選択した小規模宅地等：

① 山田 美恵　〔　〕　⑤ 82.5 ㎡　
② 春日部市〇〇3丁目5番16号　⑥ 32,175,000 円
③ 82.5 ㎡　⑦ 25,740,000 円
④ 32,175,000 円　⑧ 6,435,000 円

① 山田 一郎　〔　〕　⑤ 82.5 ㎡
② 同上　⑥ 32,175,000 円
③ 82.5 ㎡　⑦ 25,740,000 円
④ 32,175,000 円　⑧ 6,435,000 円

① 渡辺 幸子　〔　〕　⑤ 100 ㎡
② 春日部市〇〇3丁目5番17号　⑥ 30,810,000 円
③ 150 ㎡　⑦ 15,405,000 円
④ 46,215,000 円　⑧ 30,810,000 円

（注）
1. ①欄の〔　〕は、選択した小規模宅地等が被相続人等の事業用宅地等（2、3又は4）である場合に、相続開始の直前にその宅地等の上で行われていた被相続人等の事業について、例えば、飲食サービス業、法律事務所、貸家などのように具体的に記入します。
2. 小規模宅地等を選択する一の宅地等が共有である場合又は一の宅地等が貸家建付地である場合において、その評価額の計算上「賃貸割合」が1でないときには、第11・11の2表の付表1（別表）を作成します。
3. ⑧欄の金額を第11表の「財産の明細」の「価額」欄に転記します。
4. 上記の各欄に記入しきれない場合には、第11・11の2表の付表1（続）を使用します。

○「限度面積要件」の判定

上記「2 小規模宅地等の明細」の⑤欄で選択した宅地等の全てが限度面積要件を満たしたものであることを、この表の各欄を記入することにより判定します。

小規模宅地等の区分	被相続人等の居住用宅地等	被相続人等の事業用宅地等		
小規模宅地等の種類	1 特定居住用宅地等	2 特定事業用宅地等	3 特定同族会社事業用宅地等	4 貸付事業用宅地等
⑨ 減額割合	80/100	80/100	80/100	50/100
⑩ 小規模宅地等の⑤の面積の合計	165 ㎡			100 ㎡
⑪ 限度面積 イ 小規模宅地等のうちに4貸付事業用宅地等がない場合	[1]の⑩の面積 ≤ 330㎡　165	[2]の⑩及び[3]の⑩の面積の合計 ≤ 400㎡		
ロ 小規模宅地等のうちに4貸付事業用宅地等がある場合	[1]の⑩の面積 ×200/330 ＋　165	[2]の⑩及び[3]の⑩の面積の合計 ×200/400 ＋	[4]の⑩の面積　100	㎡ ≤ 200㎡

（注）限度面積は、小規模宅地等の種類（[4]貸付事業用宅地等）の選択の有無）に応じて、⑪欄（イ又はロ）により判定を行います。「限度面積要件」を満たす場合に限り、この特例の適用を受けることができます。

※税務署整理欄　年分　名簿番号　申告年月日　通信番号　グループ番号　補完

第11・11の2表の付表1（平成27.7）

●第11・11の2表の付表1（別表）（小規模宅地等についての課税価格の計算明細書（別表））

小規模宅地等についての課税価格の計算明細書（別表）

被相続人　**山田 太郎**

第11・11の2表の付表1（別表）（平成27年分以降用）

この計算明細は、特例の対象として小規模宅地等を選択する一の宅地等（注）が、次のいずれかに該当する場合に一の宅地等ごとに作成します。
1　相続又は遺贈により一の宅地等を2人以上の相続人又は受遺者が取得している場合
2　一の宅地等の全部又は一部が、貸家建付地である場合において、貸家建付地の評価額の計算上「賃貸割合」が「1」でない場合
（注）　一の宅地等とは、一棟の建物又は構築物の敷地をいいます。ただし、マンションなどの区分所有物の場合には、区分所有された建物の部分に係る敷地をいいます。

1　一の宅地等の所在地、面積及び評価額

一の宅地等について、宅地等の「所在地」、「面積」及び相続開始の直前における宅地等の利用区分に応じて「面積」及び「評価額」を記入します。
（1）「①宅地等の面積」欄は、一の宅地等が持分である場合には、持分に応ずる面積を記入してください。
（2）　上記2に該当する場合には、⑪欄については、⑤欄の面積を基に自用地として評価した金額を記入してください。

宅地等の所在地	春日部市○○3丁目5番16号	①宅地等の面積		165 ㎡
	相続開始の直前における宅地等の利用区分	面積（㎡）		評価額（円）
A	①のうち被相続人等の事業の用に供されていた宅地等（B、C及びDに該当するものを除きます。）	②		⑧
B	①のうち特定同族会社の事業（貸付事業を除きます。）の用に供されていた宅地等	③		⑨
C	①のうち被相続人等の貸付事業の用に供されていた宅地等（相続開始の時において継続的に貸付事業の用に供されていると認められる部分の敷地）	④		⑩
D	①のうち被相続人等の貸付事業の用に供されていた宅地等（Cに該当する部分以外の部分の敷地）	⑤		⑪
E	①のうち被相続人等の居住の用に供されていた宅地等	⑥ 165		⑫ 64,350,000
F	①のうちAからEの宅地等に該当しない宅地等	⑦		⑬

2　一の宅地等の取得者ごとの面積及び評価額

上記のAからFまでの宅地等の「面積」及び「評価額」を、宅地等の取得者ごとに記入します。
（1）「持分割合」欄は、宅地等の取得者が相続又は遺贈により取得した持分割合を記入します。一の宅地等を1人が取得した場合には、「1/1」と記入します。
（2）「1　持分に応じた宅地等」は、上記のAからFまでに記入した一の宅地等の「面積」及び「評価額」を「持分割合」を用いてあん分して計算した「面積」及び「評価額」を記入します。
（3）「2　左記の宅地等のうち選択特例対象宅地等」は、「1　持分に応じた宅地等」に記入した一の宅地等の「面積」及び「評価額」のうち、特例の対象として選択する部分を記入します。なおその宅地等の場合は、上段に「特定同族会社事業用宅地等」として選択する部分の、下段に「貸付事業用宅地等」として選択する部分の「面積」及び「評価額」をそれぞれ記入します。
「2　左記の宅地等のうち選択特例対象宅地等」に記入した一の宅地等の「面積」及び「評価額」は、「申告書第11・11の2表の付表1」の「2　小規模宅地等の明細」欄の「③取得者の持分に応ずる宅地等の面積」欄及び「④取得者の持分に応ずる宅地等の価額」欄に転記します。
（4）「3　特例の対象とならない宅地等（1-2）」には、「1　持分に応じた宅地等」のうち「2　左記の宅地等のうち選択特例対象宅地等」欄に記入した以外の宅地等について記入した「面積」及び「評価額」を記入し、申告書第11表に転記します。

宅地等の取得者氏名	**山田 美恵**		⑭持分割合	1 / 2		
	1　持分に応じた宅地等		2　左記の宅地等のうち選択特例対象宅地等		3　特例の対象とならない宅地等（1-2）	
	面積（㎡）	評価額（円）	面積（㎡）	評価額（円）	面積（㎡）	評価額（円）
A	②×⑭	⑧×⑭				
B	③×⑭	⑨×⑭				
C	④×⑭	⑩×⑭				
D	⑤×⑭	⑪×⑭				
E	⑥×⑭ 82.5	⑫×⑭ 32,175,000	82.5	32,175,000		
F	⑦×⑭	⑬×⑭				

宅地等の取得者氏名	**山田 一郎**		⑮持分割合	1 / 2		
	1　持分に応じた宅地等		2　左記の宅地等のうち選択特例対象宅地等		3　特例の対象とならない宅地等（1-2）	
	面積（㎡）	評価額（円）	面積（㎡）	評価額（円）	面積（㎡）	評価額（円）
A	②×⑮	⑧×⑮				
B	③×⑮	⑨×⑮				
C	④×⑮	⑩×⑮				
D	⑤×⑮	⑪×⑮				
E	⑥×⑮ 82.5	⑫×⑮ 32,175,000	82.5	32,175,000		
F	⑦×⑮	⑬×⑮				

第11・11の2表の付表1（別表）（平27.7）

6　相続税の申告に関する手続きについて

●第13表（債務及び葬式費用の明細書）

債務及び葬式費用の明細書

被相続人　山田　太郎

第13表（平成21年4月分以降用）

1　債務の明細
（この表は、被相続人の債務について、その明細と負担する人の氏名及び金額を記入します。）

債務の明細					負担することが確定した債務	
種類	細目	債権者 氏名又は名称	住所又は所在地	発生年月日 弁済期限	金額	負担する人の氏名	負担する金額
公租公課	27年度分固定資産税	春日部市役所		27・1・1	345,900円	山田一郎	345,900円
〃	〃	文京都税事務所		27・1・1	205,800	〃	205,800
〃	〃	○○町役場		27・1・1	4,800	〃	4,800
〃	27年度分所得税（準確定申告）	春日部税務署		27・9・15	310,800	〃	310,800
〃	27年度分住民税	春日部市役所		27・1・1	510,700	〃	510,700
銀行借入金	証書借入れ	○○銀行○○支店	春日部市○○○丁目○番○号	22・12・14 22・12・14	22,633,340	〃	22,63,340
合計					24,056,340		

2　葬式費用の明細
（この表は、被相続人の葬式に要した費用について、その明細と負担する人の氏名及び金額を記入します。）

葬式費用の明細				負担することが確定した葬式費用	
支払先		支払年月日	金額	負担する人の氏名	負担する金額
氏名又は名称	住所又は所在地				
○○寺	春日部市○○×丁目×番×号	27・9・20	1,500,000円	山田美恵	1,500,000円
○○タクシー	春日部市○○×丁目×番×号	27・9・20	150,600	〃	150,600
○○商店	春日部市○○×丁目×番×号	27・9・20	100,900	〃	100,900
○○酒店	春日部市○○×丁目×番×号	27・9・20	20,300	〃	20,300
○○葬儀社	春日部市○○×丁目×番×号	27・9・20	1,500,000	〃	1,500,000
その他	（別紙のとおり）	・・	87,800	〃	87,800
合計			3,359,600		

3　債務及び葬式費用の合計額

債務などを承継した人の氏名			（各人の合計）	山田美恵	山田一郎
債務	負担することが確定した債務	①	24,056,340円	円	24,056,340円
	負担することが確定していない債務	②			
	計（①+②）	③	24,056,340		24,056,340
葬式費用	負担することが確定した葬式費用	④	3,359,600	3,359,600	
	負担することが確定していない葬式費用	⑤			
	計（④+⑤）	⑥	3,359,600	3,359,600	
合計（③+⑥）		⑦	27,415,940	3,359,600	24,056,340

（注）1　各人の⑦欄の金額を第1表のその人の「債務及び葬式費用の金額③」欄に転記します。
　　　2　③、⑥及び⑦欄の金額を第15表の33、34及び35欄にそれぞれ転記します。

> 初七日や四十九日法会の費用、香典返し、仏壇の購入費用等は、「2　葬式費用」に含まれません。

第13表（平27.7）　　　　　　　　　　　　　　　　（資4-20-14-A4統一）

●第15表（相続財産の種類別価額表）

相続財産の種類別価額表（この表は、第11表から第14表までの記載に基づいて記入します。） FD3535

被相続人（氏名） 山田太郎／山田美恵

第15表（平成26年分以降用）

種類	細目	番号	各人の合計 被相続人	(山田美恵)
土地（土地の上に存する権利を含みます）	田	①		
	畑	②		
	宅地	③	129681000	100696000
	山林	④	3617000	
	その他の土地	⑤		
	計	⑥	133298100	100696000
	⑦			
	⑧			
家屋等		⑨	24275950	12231050
事業（農業）用財産		⑩		
		⑪		
		⑫		
		⑬		
	計	⑭		
有価証券	特定同族会社の株式及び出資（配当還元方式によったもの）	⑮	50000	50000
	（その他の方式によったもの）	⑯	69000000	69000000
	⑮及び⑯以外の株式及び出資	⑰	31085700	7830000
	公債及び社債	⑱	6590000	
	証券投資信託、貸付信託の受益証券	⑲	6902700	
	計	⑳	113628400	76880000
現金、預貯金等		㉑	99463343	26588600
家庭用財産		㉒	2500000	
その他の財産	生命保険金等	㉓	60397608	
	退職手当金等	㉔	30000000	30000000
	立木	㉕	2578050	
	その他	㉖	32250700	7750700
	計	㉗	125226508	37750700
合計（⑥+⑨+⑭+⑳+㉑+㉒+㉗）		㉘	498392151	256646350
相続時精算課税適用財産の価額		㉙	24626035	
不動産等の価額（⑥+⑨+⑭+⑮+⑯+㉕+㉙）		㉚	229202100	181977050
㉚のうち株式等納税猶予対象の株式等の価額の80％の額		㉛		
㉚のうち株式等納税猶予対象の株式等の価額の80％の額		㉜		
債務等	債務	㉝	24056340	
	葬式費用	㉞	3359600	3359600
	合計（㉝+㉞）	㉟	27415940	3359600
差引純資産価額（㉘+㉙-㉟）（赤字のときは0）		㊱	495602246	253286750
純資産価額に加算される暦年課税分の贈与財産価額		㊲	3000000	1000000
課税価格（㊱+㊲）（1,000円未満切捨て）		㊳	498602000	254286000

①から⑥、⑨から㉘の各欄は、第11表の価額を記入します。

第13表の金額を記入します。

6 相続税の申告に関する手続きについて

12 相続税の納税方法について

原則として10か月以内　相続税の納付期限は、申告書の提出期限と同じです。相続の開始があったことを知った日（通常は亡くなった日）の翌日から10か月以内となります（土日祝日の場合には、その翌日）。現金で、かつ、一括で納めることになっています。期限を過ぎると延滞税がかかってしまうので、注意しましょう。

⇨ **P187　延滞税**

納付の方法

所得税や住民税は、口座引き落とし（振替納税やダイレクト納付等）で簡単に納める方法もありますが、相続税は金融機関の窓口（もしくは、申告書の提出先の所轄税務署）に出向き、現金で納めなければなりません。

納付書は、実際には相続人自らが入手するのではなく、申告手続きを依頼した税理士が作成するのが一般的です。

故人が資産家であった場合、税務署は相続人におそらく相続税がかかるだろうと判断し、家族等のもとに相続税の申告書や納付書を送ることもあります。

延納について

相続税を現金で一括で納めるのが難しい場合に、延納の許可を受けるには、有価証券や土地、建物等の財産を担保として提供する必要があります。遺産ではなく、以前より所有している財産や第三者の財産を提供することもできます。ただし、共有財産の持分や未分割のままの遺産を担保にすること

はできません。延納税額が100万円以下で、延納期間が3年以下の場合、担保は不要となります。

　延納が認められると、分割して相続税を納めることができますが、納付中は利子税がかかります。

物納について

　物納は、延納による分割払いによっても、現金で納税できない場合に限って認められます。ただし、どのような財産でも納められるわけではなく、物納できる財産とその優先順位が決まっています。

　① 国債、地方債、不動産、船舶
　② 社債、株式、証券投資信託または貸付信託の受益証券
　③ 動産（不動産以外の家財等）

　納税に充当される財産の価額は、原則として、相続税の課税価格を計算した際の価額です。

相続人の中に納付していない人がいたら

　相続税は、相続人それぞれが各自の相続税分を納付します。もし、相続人の中に納付していない人がいた場合、全相続人が連帯して責任を負う、連帯納付義務が発生します。各自で取得した遺産の額を限度として、連帯して納付しなければなりません。

　延納が許可された場合、連帯納付義務がなくなるため、納付が困難な相続人がいる場合には、延納を検討しましょう。

　⇨ **P184　延納について**

13 税務調査と延滞税、加算税について

申告後3年以内に調査を受けるケースあり 相続税の申告後、提出された申告書に誤りや不明な点がないか、税務署が税務調査を行うケースがあります。

相続税の税務調査

相続税は申告書を出すと、3割ほどの方に税務調査があります。税務調査がある場合には、事前に税務署から相続人または税理士に電話で連絡があり、税理士の立ち会いも認められています。税務調査を受けたうちの8割以上の人が、何らかの「申告もれ」を指摘されています。

申告もれが多いのは「名義預金」

税務調査で申告もれを指摘される財産のうち「現金・預貯金」と「有価証券」が5割近くになります。

家族名義の預金であっても、被相続人の所得や資産がもとになっているものについては、「名義預金」として相続財産とみなされます。

たとえば、被相続人が配偶者や子どもの名義で口座をつくっている場合があります。生前贈与のつもりで行っていたとしても、被相続人が印鑑や通帳を保管していた場合等には贈与とは認められず、「名義預金」とみなされる場合があります。これは、「へそくり」も同様です。

もし名義預金を相続財産として申告しないと、税務調査で「申告もれ」と指摘され、相続税本税に加えて延滞税や加算税が課税されることになるので、注意が必要です。

延滞税と加算税

●延滞税

　税金を納期限までに納付しない場合には、原則として納期限の翌日から納付する日までの日数に応じて、利息に相当する延滞税が課されます。延滞税の利率は、納期限の翌日から2月以内は年2.8%、それ以後は年9.1%です（平成27年1月1日から平成28年12月31日までの期間の場合）。

●加算税

「過少申告加算税」……期限内申告について、税務調査にもとづき修正申告をした場合等には、過少申告加算税が課されます。増差本税に対する課税割合は、原則として10%（期限内申告税額と50万円のいずれか多い金額を超える部分は15%）です。

「無申告加算税」……期限後申告をした場合や、申告せずに税務署から決定処分を受けた場合等には、無申告加算税が課されます。課税割合は、原則として15%（50万円超の部分は20%）です。

「重加算税」……課税財産として申告すべき財産を隠匿するなど、仮装・隠ぺいをした場合には、重加算税が課されます。課税割合は、過少申告加算税に代えて課される場合は35%、無申告加算税に代えて課される場合は40%です。

14 修正申告、更正の請求について

更正の請求は5年以内 相続税の申告内容が間違っていた場合や、未分割で申告した後に遺産分割ができた場合の手続きは2通りあります。納めた相続税が少なかった場合は修正申告を、多く納めすぎた場合は「更正の請求」を行います。

相続税が少なかった場合には修正申告を

本来納めるべき相続税より少なかった場合には、修正申告を行います。期限はありませんが、遅くなると延滞税が増えるため、できるだけ早く行うようにします。

相続税を多く納めすぎた場合には更正の請求を

本来納めるべき相続税より多く納めてしまっていた場合には、更正の請求を行うと、納めすぎた相続税の還付を受けられます。更正の請求の期限は、相続税の申告期限から5年以内です。

申告期限までに遺産分割がまとまらずに、未分割で申告する場合には、小規模宅地等の評価減の特例や、配偶者の税額軽減の適用が受けられません。その後、申告期限から3年以内に遺産分割ができた場合には、4か月以内に更正の請求をすることにより、これらの特例の適用を受けることができます。

15 不動産の譲渡所得について

　相続した不動産を譲渡(売却)して、分割資金や納税資金に充てる場合があります。不動産を譲渡した場合には、所得税(譲渡所得)の申告・納税が必要となります。譲渡所得は他の所得と区分して計算します。

　課税譲渡所得金額の計算方法は以下のとおりです。

> 譲渡価額 − (取得費+譲渡費用) − 特別控除額(一定の場合)
> ＝課税譲渡所得金額

　税額は課税譲渡所得金額に税率をかけて計算します。税率は長期譲渡所得になるか、短期譲渡所得になるかによって、以下のように異なります。売った土地や建物の所有期間が、売った年の1月1日現在で5年を超える場合は長期、5年以下の場合は短期です。

区分	所得税(※)	住民税	合計
長期譲渡所得	15%	5%	20%
短期譲渡所得	30%	9%	39%

※平成25年から平成49年まで、基準所得税額の2.1%の復興特別所得税が別途かかります。

●相続した不動産の取得費と所有期間

　相続や贈与により取得した不動産の取得費は、相続時の時価や評価額にかかわらず、被相続人の取得費を引き継ぎます。なお、取得費が不明な場合には、収入金額(譲渡価額)の5%を「概算取得費」とすることができます。

　所有期間についても、相続した日から計算するのではなく、被相続人の所有期間を引き継ぎます。

相続税の取得加算の特例

相続または遺贈により取得した財産を譲渡した場合には、次の算式で計算した金額を取得費に加算することができます。

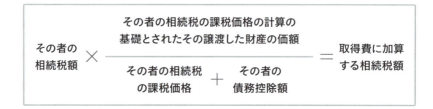

空き家に係る譲渡所得の特別控除の特例

相続した家屋が空き家のまま放置されるケースが増え、社会問題になっています。古い空き家の有効活用を促進し、空き家の発生を抑制するための制度が創設されました。 相続した被相続人の居住用不動産を、平成28年4月1日から平成31年12月31日までの間に譲渡し、一定の要件を満たしている場合、譲渡益から3000万円を控除することができます。

※特例が使えるケースは、次の①または②の場合です。
① 相続した家屋の耐震基準を満たしたうえで、家屋または家屋とその敷地である土地を譲渡した場合。
② 相続した家屋を取り壊して除却したのちに、その敷地である土地を譲渡した場合。
なお、相続発生から譲渡時までに一度でも賃貸・居住・事業の用に供してしまうと特例は使えません。

対象となる譲渡は、①から④の要件をすべて満たしている場合です。

① 相続の開始があった日以後3年を経過する日の属する年の12月31日までの間に譲渡していること。
② 相続開始の直前において、被相続人以外の居住者がいないこと。
③ 昭和56年5月31日以前に建築された家屋であること。
④ 譲渡対価は1億円以下であること。

第7章

遺言や生前贈与等 生前にやっておきたい 相続対策について

　昨今の長寿化に伴って、相続が「老老相続」になっているという現実があります。家族みんなが健康で元気ならば問題は少ないのかもしれませんが、認知症が進んでしまったり、高齢になって体力や理解力が低下したりすると、相続対策が難しくなってしまいます。自分自身の老後、そして死後のことを考え、残される家族の負担を減らすために、「生前贈与」や「遺言作成」等、今のうちからできる備えについて考えていきましょう。

1 遺言の基本について確認しましょう

相続に備えて生前にできる対策として、一般的なのが遺言の作成です。遺言を残すことで、親族等に自分の意思を伝えて、相続後の手続きに自分の想いを反映させることができます。遺言の基本的な知識について確認しましょう。

代表的な遺言の方法について

●自筆証書遺言

自筆証書遺言は、遺言者が文書すべてと、日付、氏名を自分で書き、押印する必要があります。公証人の関与は必要ありませんが、内容や様式に不備が生じる可能性があり、偽造や破棄の恐れもある点に注意する必要があります。また、相続開始後には遺言書の検認手続きを行わなければなりません。自筆証書遺言は紛失したり偽造されたりする恐れがあるので、弁護士等の専門家に保管を依頼し、その専門家を遺言執行者に指定しておくといいでしょう。

●公正証書遺言

公正証書遺言は、公証役場にいる公証人が関与して作成します。公証人に依頼して自宅等に出張してもらうこともできます。公証人手数料がかかりますが、相続開始後の検認が不要で、原本は公証役場で保管されるため偽造や破棄の恐れがないことから、生前の対策としてはもっとも有効な手段です。

> **メモ** エンディングノートについて

　エンディングノートは、万が一の場合に備えて、財産や葬儀の意向など自分の考えをまとめるためのノートです。数年前から、書店等でさまざまな種類のエンディングノートが並ぶようになりました。

　書式もさまざまですが、「自分のプロフィールについて」「財産について」「亡くなることを想定して（終末期医療や介護、葬儀などについて）」等、現在考えていることや希望を記していきます。親族やお世話になった方に伝えておきたいことを、自由な書式で残すことができます。ふだん、日常生活ではなかなか踏み込んで考えにくい、自分の老いや死、葬儀などについて、項目ごとに頭の中を整理しながら考えてみるといいでしょう。

　実際に、老後に関する希望、財産目録等を書き記しておくと、残された者は非常に助かりますが、注意しなければならないことがあります。

　それは、法的な効力がない、ということです。

　たとえばエンディングノートに財産の分け方など自分の考えを記しておいたとしても、実際の相続の手続きに使うことはできません。相続には遺産分割協議が必要になりますが、エンディングノートに記した自分の意思を、相続人全員が尊重してくれるとは限らないのです。特に財産について整理しておくことはいいことなのですが、遺産として相続させる場合の分け方については、専門家に相談し、遺言を作成することをお勧めします。

　遺言には法律上効力を持たせるために記載する法定遺言事項と、家族へのメッセージや、葬儀、納骨に関する希望等を記載する付言事項があります。付言事項を記載することで、遺言を作成する時のストレートな「想い」をメッセージとして伝えることができます。

2 生前贈与について

生前贈与を上手に活用することで、相続税の負担を減らすことができます。贈与税の基本について確認しましょう。

暦年課税制度

1月1日から12月31日までの1年間に、個人から贈与を受けた財産の合計額が、贈与税の基礎控除額110万円を超える場合には、その超える部分の価額に対して、10%〜55%の税率で贈与税がかかります。

贈与を受けた財産は、贈与を受けた日の時価で評価します。財産の評価方法は、原則として相続税の財産評価の方法と同じです。

贈与税を納めるのは、贈与を受けた人です。贈与を受けた年の翌年2月1日から3月15日までに、住所地の所轄税務署に申告・納税します。

1年間に贈与を受けた金額−基礎控除額110万円＝課税価格

課税価格×税率−控除額＝贈与税額

●贈与税の税率（暦年課税制度）

基礎控除額110万円控除後の課税価格	直系尊属から20歳以上の子や孫への贈与		一般の贈与	
	税率	控除額	税率	控除額
200万円以下	10%	−	10%	−
300万円以下	15%	10万円	15%	10万円
400万円以下	15%	10万円	20%	25万円
600万円以下	20%	30万円	30%	65万円
1,000万円以下	30%	90万円	40%	125万円
1,500万円以下	40%	190万円	45%	175万円
3,000万円以下	45%	265万円	50%	250万円
4,500万円以下	50%	415万円	55%	400万円
4,500万円超	55%	640万円	55%	400万円

●贈与税がかからないケースは？

次のような場合には贈与税はかかりません。

①法人から財産を贈与により取得した場合（所得税がかかる）

②夫婦や親子、兄弟姉妹などの扶養義務者から「生活費」や「教育費」に充てるために取得した財産で「通常必要と認められるもの」

③香典、花輪代、年末年始の贈答、祝物又は見舞いなどのための金品で、社会通念上相当と認められるもの　等

●生前贈与の注意点①「あげたつもり」ではダメ

贈与税について勘違いしていたために、あとで多額の相続税がかかってしまうことがあります。A子さんは、相続対策のつもりで、長女のB子さんには内緒で、毎年110万円をB子さん名義の通帳に預金していました。B子さんはそのことを知らず、通帳や印鑑も母のA子さんが持っています。10年後、A子さんが亡くなりました。B子さん名義の預金1100万円は、実質的にはA子さんの預金であるとして（これを「名義預金」といいます）、相続税の対象になってしまいます。

贈与は「あげますよ」「もらいますよ」というお互いの意思疎通があってはじめて成立するものです。A子さんのように「あげたつもり」では残念ながら贈与したことにはならないのです。贈与を受けたB子さんが、贈与されたお金を自由に使える状態になっていなければ、贈与したとはいえません。したがって、通帳や印鑑は、贈与した人（親・祖父母）ではなく、贈与を受けた人（子・孫）が管理するようにしましょう。

●生前贈与の注意点②「もらったつもり」もダメ

「夫のものはワタシのもの、ワタシのものもワタシのもの」という奥様が

たまにいらっしゃいます。通常はそれでも夫婦円満なら問題ないのですが、相続では話が違ってきます。

　主婦のC子さんは、夫のD夫さんの給料や退職金の約半分を自分名義の預金にしてきました。D夫さんが亡くなりました。D夫さん名義の預金は2000万円、C子さん名義の預金は3000万円ありました。C子さんは結婚以来ずっと専業主婦で収入はなく、親から相続した財産もないし、宝くじに当たったこともありません。C子さんは、D夫さん名義の預金2000万円だけを相続税申告の対象にすればよいかというと、そうではありません。C子さん名義の預金3000万円についても、実質的には亡くなったD夫さんの財産であるとして（名義預金）、相続税の対象になります。つまり「名義だけで判断はしない」ということです。

●「贈与の証拠」を残すこと

　相続の時に税務署から名義預金と認定されないようにするには、たとえ親子や夫婦など親族の間であっても、贈与が成立しているということを証するために、「贈与の証拠」を残しておくことが大切です。
具体的には、次の4点に気をつけましょう。
①贈与の都度、贈与契約書をつくる
②通帳や印鑑は、贈与を受ける人（受贈者）が管理する
③贈与は現金ではなく、受贈者の生活口座へ振り込みで行う
④贈与税の申告をする（基礎控除額110万円を超える贈与を受けた場合）

　あえて基礎控除額110万円を少し超える金額の贈与を受けて、贈与税の申告・納税をすることにより、贈与の証拠を残しているという方もいます。ちなみに、111万円の贈与ならば、贈与税は1000円です。120万円の贈与ならば、贈与税は1万円です。

相続時精算課税制度

　長寿化に伴い、相続人が相続により財産を取得する年齢も高齢化して「老老相続」となっています。親世代から子世代への生前贈与による財産の移転を後押しし、子世代に消費をしてもらって、景気を活性化しようという目的のために創設されたのが、相続時精算課税制度です。

　この制度を選択する旨を税務署へ届け出た場合には、60歳以上の親または祖父母から20歳以上の子または孫への贈与について、累計2500万円までは贈与税がかかりません。2500万円を超える部分については、一律20％の税率で贈与税がかかります。

　しかし、相続が発生した時には、この制度を使って贈与を受けた金額については、たとえ何年前の贈与であっても、相続財産に含めて相続税を計算します。なお、贈与時に支払った贈与税があれば、相続税から差し引き、控除しきれない金額については還付されます。

●相続時精算課税制度の注意点

①贈与の時には贈与税がかからなくても、相続の時には相続税がかかります。つまり「非課税」というよりも「生前相続」という性格のものです。したがって、原則として相続税の節税にはなりません。また、あとで相続税がかかるため、相続税の納税資金についても考慮しておく必要があります。

②受贈者ごと、かつ贈与者ごとに、相続時精算課税制度の適用を受けるか否かについて選択できます。ただし、いちど相続時精算課税制度を選択すると、同じ贈与者からの贈与については、暦年課税制度には戻れません。

③贈与時の価額で相続時に相続税を計算します。したがって、不動産や株式など価額が変動する財産は、相続時に価額が下がってしまった場合でも贈与時の高い価額で相続税を計算しなくてはなりません。

④孫への遺贈や相続時精算課税制度による贈与については、相続税の2割加算の対象となります。

●相続時精算課税制度の活用法
①子どもが必要なときに多額の生前贈与を受けたい場合
②自社株を後継者に承継させたい場合
③賃貸物件の贈与により、家賃収入を子に移転させたい場合　等

贈与税の特例

●贈与税の配偶者控除（おしどり夫婦の特例）

　婚姻期間20年以上の配偶者にマイホームを贈与した場合に、2000万円まで贈与税を非課税とする制度です。贈与税の基礎控除110万円と合わせると、2110万円まで非課税で贈与できます。非課税の対象となる贈与は、自宅の建物や土地、または自宅を取得するための資金です。

　この制度を使うためには、たとえ贈与税がかからなくても贈与税の申告はする必要があります。なお、贈与したことにより、かえって配偶者が亡くなった時（二次相続）の相続税が増加してしまう場合もあります。

●住宅取得等資金の贈与の非課税制度（平成33年12月まで）

　20歳以上の子や孫が、父母や祖父母からマイホームの購入資金やリフォーム資金の贈与を受けた場合には、一定の金額（契約締結日および消費税率に応じて300万円から最大3,000万円まで）が非課税となります。対象となる住宅の床面積や受贈者の所得などに一定の制限があります。

　なお、この制度を使って贈与する場合には、たとえ贈与税はかからなくても、贈与税の申告はする必要があります。

●教育資金の一括贈与の非課税制度（平成31年3月まで）

　30歳未満の孫などが、祖父母などから教育資金を一括で贈与された場合には、孫1人につき1500万円（うち塾や習いごとは500万円）まで贈与税を非課税とする制度です。金融機関で教育資金専用の孫名義の口座をつくります。教育費の支払時には、領収書を金融機関へ提出します。

　この制度は「一括で」贈与しても非課税というのがポイントです。もともと「必要な都度」孫の教育費を出してあげる分には贈与税はかかりません。しかし、孫が高校生や大学生になるまで元気でいられるとは限りません。現在は孫が幼児でも、この制度を使い一括で贈与しておくことにより、将来孫が大きくなった時に教育費に充てることができます。

　なお、孫（受贈者）が30歳になった時に、教育費として使いきれなかった残高がある場合には、贈与税の対象となります。

●結婚・子育て資金の一括贈与の非課税制度（平成31年3月まで）

　20歳以上50歳未満の子や孫などが、父母や祖父母などから、結婚・子育て資金の贈与を受けた場合には、1000万円（うち結婚資金は300万円）までについて、贈与税が非課税となる制度です。金融機関にて専用の口座を開設し、非課税申告書を提出します。結婚・子育て資金の支払時には、領収書を銀行へ提出します。

　なお、贈与者が死亡した時に使い残しがあれば、残高は贈与者から相続等により取得したものとみなされます（相続税の2割加算はありません）。

3 生命保険の利点について

生命保険は、相続対策において、分割対策、納税対策、節税対策に活用できます。生命保険には以下の4つのメリット（活用法）があります。

お金に名札をつけることができる

生命保険金は、税務上は「みなし相続財産」として相続税の対象となります。しかし民法上は、受取人固有の財産として、遺産分割協議の対象にはなりません。受取人を指定することにより、財産を残したい人に残すことができます。嫁や孫など相続人以外の人を受取人にすることも可能です。生命保険は「お金に名札をつける」ことができるのです。

代償分割の代償金として使える

代償分割における代償金の原資を、生命保険で準備しておくことができます。たとえば、長男が不動産を相続し、かわりに次男へ代償金を支払う場合、保険金の受取人は長男にします。受取人をはじめから次男にしてしまうと、保険金は次男固有の財産となり、次男は保険金を受け取った上で、さらにその他の財産について長男へ遺留分減殺請求ができてしまいます。また、代償分割をする場合には、必ず遺言書または遺産分割協議書に「長男は次男へ代償金○○円を支払う」と記載します。代償金についての記載がないと、長男から次男への贈与となってしまいます。

相続税の納税資金として使える

保険金の受取人をすべて配偶者（妻）にしている人が多いのですが、配

偶者には「小規模宅地等の特例」や「配偶者の税額軽減」があるため、相続税がかからないケースが多いのです。配偶者の生活保障について十分な備えがあるならば、相続税の納税資金の観点から、受取人を見直してみましょう。生命保険を相続税の納税資金として使うのであれば、受取人は「相続税を払う人」にしておく必要があります。相続時精算課税制度により贈与を受けた財産は、相続発生時には相続税の対象となります。将来、相続税がかかるのならば、精算課税贈与とセットで、納税資金については生命保険で準備しておくとよいでしょう。保険金は請求から通常5営業日程度で振り込まれるため、葬儀費用や遺族の生活費としても使えます。

非課税枠「500万円×法定相続人の数」がある

相続人が受け取った生命保険金には、「500万円×法定相続人の数」の非課税枠があります。たとえば、法定相続人が3人ならば、非課税枠は「500万円×3人＝1500万円」です。非課税枠が使えるのは相続人のみです。相続人以外の人（孫や嫁など）が受け取った保険金については、非課税枠は使えず、全額が相続税の対象となります。さらに、配偶者・子・父母以外の人には「相続税の2割加算」の適用もあります。

　　生命保険金の非課税枠　＝　500万円　×　法定相続人の数

メモ　子が契約者となり保険金を一時所得の対象に

保険の契約形態を「契約者＝子、被保険者＝父、受取人＝子」とすると、保険金は子の所得税の対象（一時所得）となります。相続財産が多く、相続税の限界税率が高い場合などには、保険金を相続税の対象とするよりも、子の所得税の対象とした方が有利になるケースがあります。

　　一時所得の金額　＝　（保険金－保険料－50万円）　×　1/2

どの専門家に力を借りればいいのか？

　相続の手続きを進めていく中で、何から始めていけばいいのかわからない。そのようなときは、専門家の力を借りてみることをお勧めします。

　弁護士、税理士、行政書士……。専門家といってもさまざまな種類があります。相続税の申告のことで困っているのであれば税理士、遺産分割協議書の作成なら行政書士……というように、まずはその専門家の中から信頼できる方を探し、相談してみてはいかがでしょううか。

弁護士
……相続で揉めてしまった場合や、相続に関するトラブル等を、法律に基づいて解決します。弁護士と一口に言っても、相続を専門に扱う弁護士と、他の分野を専門に扱う弁護士がいます。できるかぎり、ウェブサイト等でその弁護士の専門を確認し、相続を専門に扱う弁護士に依頼しましょう。

税理士
……相続が発生したら、まずは相続税がどのくらいかかるのかを、相続専門の税理士に相談しましょう。相続税の特例が使えるか否か、納税資金はどうするか、二次相続における相続税対策などをふまえた上で、遺産分割協議をした方がいいケースが多くあります。

行政書士
……役所に提出する必要がある書類の作成を専門とします。戸籍謄本の収集などの相続調査や、遺産分割協議書等の作成、金融機関の手続き等を依頼します。相続人が複数いて複雑な場合等、行政書士が頼りになります。

メモ書きなど、自由にお使い下さい

遺言や生前贈与等生前にやっておきたい相続対策について

手続きに関係のある用語集

相続人	被相続人の相続財産を受け継ぐ人。
被相続人	相続財産を遺して亡くなった人。
被保険者	健康保険や公的年金等に加入し、病気等、一定の要件に該当するとき給付を受けることができる人。
寡婦	夫と死別または離婚した後に単身で生活している人や夫の生死が不明の人。
親族	血縁および姻戚関係にある人。法律上は6親等以内の血族または3親等以内の姻族をいう。
血族	血の繋がりや養子縁組関係がある親族。
姻族	婚姻することによって発生する親族。
親等	親族関係の遠近を示す単位。
遺産・相続財産	亡くなった人が残した財産。
遺産分割協議	遺産を具体的に誰にどのように分けるかを話し合うこと。
遺言	死後の法律関係を定めるための最終意思の表示。
遺贈	遺言によって財産の全部または一部を特定の人に贈与すること。
準確定申告	確定申告の必要な人が亡くなった場合に相続人等が行う所得税の申告手続き。
相続税	亡くなった人の財産を相続するときに課税される税金。
贈与税	存命する人から財産をもらったときに課税される税金。
生計を同じくする	日常生活の収支を共にすること。単身赴任していたり、療養等のために別居している場合でも、一定の要件を満たす場合は生計を同じくするとみなされる。
小規模宅地等の特例	亡くなった人が住んでいた宅地等の相続税の課税価格を計算する上で、一定の割合を減額することのできる税制上の特例。

主要参考文献（順不同）

『誰も教えてくれなかった「ふつうのお宅」の相続対策ABC』（セブン＆アイ出版）、『普通の人が老後まで安心して暮らすためのお金の話』（扶桑社）、『失敗しないエンディングノートの書き方』（法研）、『老老格差』（青土社）、『家族が亡くなった後の手続きと届け出事典』（ナツメ社）、『50代からのお金のはなし～介護、相続、実家対策まるわかり』（プレジデント社）、『「死に方」格差社会』（SBクリエイティブ）、『その死に方は、迷惑です』（集英社）、『身近な人が亡くなった後の手続のすべて』（自由国民社）、『相続人確定のための戸籍の見方・揃え方』（近代セールス社）、『親が70歳を過ぎたら読む本』（ダイヤモンド社）

メモ書きなど、自由にお使い下さい

著者紹介　プロフィール

武内優宏（たけうち・ゆうこう）

弁護士。早稲田大学政治経済学部卒。2007年弁護士登録後、2011年に法律事務所アルシエン開設。債権回収や事業再生など幅広い分野を取り扱う一方、遺言・相続に関する案件や葬儀社の法律顧問業務など、「終活」に関わる法的問題を多く扱い、遺言・相続セミナーなど講演も多数行っている。特に「おひとりさま」からの法律相談、孤独死した方の遺族からの相談に精力的に取り組む。著書に『誰も教えてくれなかった「ふつうのお宅」の相続対策ABC』（セブン＆アイ出版・共著）があり、『もしもの時に安心！　エンディングノート』（プレジデント社）を監修している。

法律事務所アルシエン　http://www.alcien.jp/

内田麻由子（うちだ・まゆこ）

税理士。一般社団法人日本想続協会代表理事。内田麻由子会計事務所代表。相続専門の税理士として、相続対策、事業承継対策、相続税申告業務を数多く手掛けている。「相続とは相（すがた）を続けること」をモットーに、節税対策・納税対策のみならず、家族の円満な相続をサポート。2010年より『想続塾』を東京・港区にて主催。著書に『誰も教えてくれなかった「ふつうのお宅」の相続対策ABC』（セブン＆アイ出版・共著）、『親が死んだ5分後にあなたがしなければならないこと』（永岡書店・共著）などがある。

日本想続協会　http://n-sk.org/

中村直人（なかむら・なおと）

行政書士。住宅設備等の営業職を経て法務事務所の相続担当として勤務。その後、行政書士として独立。相続業務を中心に、遺言書の作成や葬儀を終えた後の諸手続きに特化した事務所を足立区北千住に開設。「すべての人にストレスのない相続を」をモットーに、お金持ちだけの問題だと思われがちな「相続」を、誰にでも利用価値のある「相続サポートサービス（＝葬儀後の諸手続きのお手伝い）」として確立すべく、日々走り回っている。

アウトリーチN行政書士事務所　http://outreach-n.net

相続でモメないために！
家族が
亡くなった後の
手続き
がわかる本

2016年10月15日　初版第1刷発行	
著　　　者………	武内　優宏
	内田　麻由子
	中村　直人
発 行 者 ………	長坂嘉昭
発 行 所 ………	株式会社プレジデント社
	〒102-8641 東京都千代田区平河町2−16−1
	平河町森タワー13階
	http://www.president.co.jp/
	電話:03-3237-3732（編集）　03-3237-3731（販売）
装　　　丁 ………	長　健司
図表作成 ………	大橋昭一
販　　　売 ………	桂木栄一、高橋　徹、川井田美景、森田　巌、遠藤真知子、塩島廣貴、末吉秀樹
編　　　集 ………	プレジデント書籍編集部
制　　　作 ………	関　結香
印刷・製本 ………	凸版印刷株式会社

©2016 Yukoh Takeuchi, Mayuko Uchida, Naoto Nakamura
ISBN 978-4-8334-2180-5

Printed in Japan
落丁・乱丁本はおとりかえいたします。

プレジデント社のロングセラー

相続でモメないために

『もしもの時に安心！ エンディングノート』
本体926円＋税
ISBN978-4-8334-2133-1

エンディングノートはこんな時に役に立ちます！

① 相続、介護、葬儀、お墓など
　いざというときに家族が困りません

② 病気、入院、事故など
　緊急時の備忘録として活用できます

③ 預貯金、保険、年金、不動産など
　資産について整理するとマネープランを立てやすくなります

④ 過去、現在、未来…人生の棚卸し
　"自分らしさ"について見つめなおすことができます